c o n t e n t s

パリが教えてくれること
Ce que Paris m'apprend

I　パリが教えてくれること

上半身に視線を集めるパリジェンヌの伝統的な美の基準　9
コーディネートを学んでいくのに欠かせない黒い服はキャンバスのようなもの　15
モードよりも自分を輝かせてくれるのは、体型にぴったりと合った服です　21
日曜日には靴を磨く習慣こそが、エレガントな女性への近道なのです　27
爪の表情は口以上に雄弁に、その人の人格を物語ってしまうものなのです　33
自分の姿をもう一歩下がって映してみる、そこに「引き算のおしゃれ」の極意があります　38
優しくて自然なしぐさは、小さくても温もりのある胸元から生まれます　44
白い肌への憧れが、表情のない日本人独特の顔をつくってしまいます　50
自分のリズムで生活すること、それがシンプルで美しく見せる何よりの秘訣です　56
笑うときに堂々と白い歯を見せられる、美しさはそんな表情に潜んでいます　63
食事のマナーは知っていて、あえてはずすことが粋に見えるのです　69
美しく自分を表現したいと思ったら、決して目立とうとしないことです　75
自分の人生を選択する三つのバランスがとれたヨーロッパ流キャリア　80

パリが教えてくれること

伊藤緋紗子

知恵の森文庫

光文社

本文写真／Jean-François GATÉ

II　エレガンスを身につける

香水の本当の魅力は、隠していてもふと漂ってくる秘密のようなものです　89
服と同じくらい楽しんで下着を選べたら、人生がもっと豊かになります　97
ココ・シャネルの「ビジュー・ファンテジー」のプライドに満ちた条件　104
指によって意味が変わる約束事、指輪は数少なくても本物だけをするのです　111
機能的でスポーティなバッグは足元に置くというファッションの哲学　116
手袋についてのベーシック。いつはめ、いつはずすかということ　122
午後五時前には光沢のあるシルクは身につけないものです　127
朝から晩まで身につけることができる宝石は、唯一パールだけなのです　132
スカーフやストールにセンスのよしあしが見えてしまいます　140
意識してつくる美しい脚のライン、まずはストッキングを選ぶことです　145
髪は女性にとって、大切なセダクションのポイントです　151

III　ゆるやかな時間

何時《いつ》でも飲むことのできるシャンパンで、人生に華やかな輝きを　161
BCBGはライフスタイルのもっとも基本的なルールです　167
親しい人への小さな贈り物には、誠実な気持ちをメッセージに添えて　174
女性の独立心を象徴するような腕時計に「生命」への執着を思うのです　182
大切なのは自らの美しさに無関心にならないこと、そして優しさを育てること　188
訪れるたびにさまざまな顔でアピールしてくる、パリは多面体の街です　194
いつも自分の中に母の姿を見つけてしまいます　205
横浜に漂う異国情緒と寛容さがとても好きです　214
「大人の女性の魅力は媚びないこと」というカトリーヌ・ドヌーブの生き方　220
エレガントな生き方、そして豊かに生きること　228

あとがき　234
文庫版あとがき　237

I パリが教えてくれること

上半身に視線を集める
パリジェンヌの伝統的な美の基準

フランス人の口から、「あのマヌカンは首のすわりが悪いから……」といった言葉をこれまで何度か耳にしたことがあります。なるほど女性誌に登場するデコルテ特集を見ると、

「顔とデコルテの部分は、いつも完璧に一体化していないと美しくありません」

という鉄則がお決まりのように目につきます。どんなに素晴らしいメークが施されていても、貧相に首が前に傾いていたり、両肩をすぼめていたのでは、すべて台無しになってしまいます。

バレリーナのように背骨をまっすぐにし、両肩はリラックスさせ、誇らしげに首をきゅっと伸ばす、あるいは、鶴のように楚々として。この姿勢は、まるで天井から吊るされた一本の糸のように、まっすぐな線になることが理想です。でもこの完璧な姿

勢を保ちながら、美しく歩くとなると、もう至難の業《わざ》です。

パリジェンヌといえば、ハイヒールでも胸を張って堂々と歩く、あの美しい姿を思い浮かべがちですが、一方で小股で足早に、お尻をプリプリさせてせっかちに歩く女性が、まだたくさんいるのも事実です。本来、フランス女性のプロポーションは「娼婦のお尻」「短い脚」「丸い腕」「なだらかな肩」といみじくもコレット女史が、自分の身体《からだ》を描写したように、決して完成されたものではありません。

そこでパリジェンヌは、せめて上半身だけは、完璧に見せることにこだわります。

フランス語では、腕のことを、「上等なほうの四肢」といい、脚のことは「劣ったほうの四肢」といいます。美的感覚のすぐれた民族が使うこの言葉は、彼らの見方を正直に物語っています。彼らにとって美しくしなければならない部分は、上半身です。ですからおしゃれは、上半身をきれいに見せることから始まります。モードがどうあれ、まず優先させることは、視線を少しでも上方に集めること、これがパリジェンヌに代々伝わった美の基準、調和の基準です。

フランスの女の子は、自分の欠点をカバーし、チャーミングに見せることにたけています。衿《えり》の形ひとつとっても、必ず自分の首を考えてから選びます。

たとえば首が細くて長い人は、シャツカラーや、クローディーヌ衿（衿先が丸いフラットカラー）が似合います。クローディーヌ衿は、清楚で育ちの良さそうな、背が高く細い少年のような女性だけに似合うものです。ただ首が長いだけの女性には、タートルネックや、丸衿がマッチします。

唯一すべてのタイプの首の人に似合うのが、ボートネックで、うなじと肩の先まで露出するのがもっとも女らしく、セーターでもよりエレガントに見せてくれる衿元です。

首の短い人は、たとえば丸衿ならば、首のつけ根から少なくとも指三本分下の位置に、ネックラインがくるようにすると長く見えますが、ハイネックですと不自然になってしまいます。

さらに首から上に目を引きつけるために、パリの女性たちは、いくつかの秘密兵器を蓄えています。特にアクセソワール（小物）が、いかに彼女たちのおしゃれに大切な役割を果たしているかはご承知のとおりです。服に無理な出費をしない代わりに、スカーフ、ベルト、ジュエリーといった小物で、個性的に装う術《すべ》を自然に身につけています。

そのなかで、なんといってもおしゃれを演出する重要なエレメントは、首のまわりをふわっと包み、顔を引き立てるスカーフの類《たぐ》いでしょう。普通、〈エルメス〉の正方形《カレ》のスカーフやその類のもののほかに、ストールや長方形で長めのスカーフをいくつか持っています。

たとえば、ランチまたはビストロでの気取らないディナーで、無地のドレスの衿元を明るく見せるために、ウールやカシミアのショールを肩にふんわり投げるようにかけたりします。また、いま流行のジレ（ベスト）をわざと素肌に着て、際立った色の長方形のスカーフ（四〇センチ×九〇センチ）を着物の衿合わせのようにして、中に入れたりと工夫をします。春や秋に活躍するトレンチコートの衿元には、一五〇センチ×一五〇センチのストールを三角形に折りたたんで、左肩に片方の隅がいくようにして、寂しくならないように見せたりします。また、一九九九年から二〇〇〇年にかけ、パシュミナのストールがパリでも、ミラノでも、東京でも、街を歩く女性たちの肩を軽やかに包んでいるのが見かけられました。

ナディーヌ・ロスチャイルド男爵夫人も著書に書いていたように、自分で布を買ってこうしたものを作るということをフランスの女性はよくします。おしゃれのためならば、手作りの手間もいとわないのでしょう。

これまでフランスでよく見かけていたのに、流行になぜか乗らなかった三角形のスカーフの「アルプスの少女風」の結び方が、一九九五年の秋冬のパリコレで、しかも〈シャネル〉から登場したのは嬉しいことでした。赤いジャケットと共布で作られた三角形のスカーフをさりげなく後方で結び、マヌカンの顔がより小さく見えました。

そのほかの小物としては、リボンが挙げられます。ビロードやグログランなどを首に巻くおしゃれは、やはりフランスに昔からあったことですが、特に近年はリボンをあしらうおしゃれが流行しました。首に自信のある人ならば、ドレスか靴の色に合わせて、リボンを首に巻くのもいいかもしれません。このあらゆるリボンの流行にひと役買ったのが、日本のメーカー・MOKUBAで、昨年は、パリの宝石商のPOiRAYがMOKUBAのリボンにペンダントトップをあしらうなど、あらゆるクリエイターのコレクションに取り入れられています。

世界から速報として伝わってくるモードを日本人がそのまま取り入れることは、たいへん勇気のいることです。フランス人は、生まれつき備わり、また代々培《つちか》ってきた良識で、「流行でもこれは行きすぎね」とか「ここはヒントにできるわ」といった選別を自然にしているのですから、日本の女性としてすることは、自分の個性や体型を知ったうえで、自らの目で見てモードを取り入れることではないでしょうか。そうすれば、その人だけのおしゃれとしてアイデンティティの確立につながってゆくことになります。そして、やがて年を経《へ》るにつれて、そのアイデンティティが味のある大人の要素となっていくのです。

　西欧人のなかでは小柄なフランス女性にとって、おしゃれのポイントは小さな顔と美しい上半身のつくり方です。頭を、そして顔を小さく、ポイントを上半身に持ってくるという知恵は、そのまま日本の女性に応用できそうです。

コーディネートを学んでいくのに欠かせない黒い服はキャンバスのようなもの

　かつて、ごたまぜの色に嫌気のさしたシャネル女史は、一九二〇年ごろ、こう宣言しました。

「私はすべての女性たちに黒を着せるわ」

　それから、七十年以上経《た》った現在も、パリジェンヌたちは、女史の志《こころざし》を受け継いでいるかのように見受けられます。十代から八十代に至るまでパリのすべての世代の女性に共通するおしゃれの考え方には、〝黒からスタートし、黒に完結する〟こだわりがあきらかにあるからです。

　まず十代の女の子たちは、黒を着ることにより、自分の若さ、ひいては自分のシルエット、顔の輪郭、個性を知ります。ですから、このときは黒を着たからといって、特に口紅やマニキュアに華やかな色をもってくるわけでもなく、ただ自分の若い肌、いきいきとした表情を際立たせるだけで十分なのでしょう。

ただカットの良さ、もっと欲をいえば、素材の良さといったことが、見せ方の勝負となります。昼間にコットン素材の黒のシャツにパンツだったティーンの女の子が、夜、レストランへ行くのに、黒のスーツを着るといった、黒を基調にした着こなしを学んでいくのもこのころです。

それから、二十代、三十代と黒をベースにしたスタイルを形成し、その間、さまざまなアクセサリーで、おしゃれを楽しむことを身につけていきます。昼間のアクセサリーは、特に本物ではなくても遊び心のあるもので楽しみます。彼女たちは若いうちから、安くても、その日の装いや着ていく場所にぴたりと合うもの、そして何より自分が楽しんでつけられるものを苦労して探し、失敗を重ねておしゃれを極めてゆきます。

そうした色や形を勉強するうえで、黒はひとつのキャンバスのように思われています。アクセサリーを生かしながら、コーディネートを学んでいく大切な一着としてパリの女性たちは受け止めています。

この黒をベースに、おしゃれのセンスを広げていくパリジェンヌのワードローブに、必ずといってよいほどあるのがリトル・ブラックドレスです。このドレスはその名のとおり、黒でも、イブニングドレスのようにロングではなく大げさにならないものです。スリーブレスのオーソドックスなものから、デコルテのようなものまで、さまざまなデザインが、今年もドレス売場をにぎわせています。

　カットのいい、首をすっきり見せるドレスは、友人同士のディナーから、レストラン、バー、あるいは観劇からドレッシィなディナーやガラ・コンサートに至るまで、アクセサリー次第であらゆる場所に通用するドレスなので、かなりのお金をかけても上質な一着を手に入れておくのが賢い選び方でしょう。黒ほど素材のよしあしが目立つ色はありません。一般にリトル・ブラックドレスは、その名のように〝小粋《こいき》〟に着るのがいちばんです。だから、サテンやシフォンといったいかにも夜用の素材というよりは、薄手のウールやシルクのクレープなどが好ましいと思います。

　ちなみに、私たちがもっとも出席する機会の多い夕方六時三十分から九時くらいまでの間に開かれるカクテル・パーティの装いの条件は、イブニングドレスより短い丈のすっきりしたデザインのものが一般的です。反対に、午後八時以降に始まるディナーやパーティの正式なイブニングドレスとなると、実は黒以外の鮮やかな色が主役の座につくのです。

パリでデザイナーとして活躍中の二本松幸司《にほんまつこうじ》さんのアトリエを訪ねたとき、〝黒〟について話していた言葉が印象的でした。

「黒はいちばんエレガントだし、さまざまな表情を持つ色です。それにすべての色を知りつくしたもっとも贅沢《ぜいたく》な色ではないかと思う」

思うに、パリに生きる女の子たちの最初に出会う黒の服は、フォーマルを知るための一着なのです。それは、昔フランスの女性が人前に身をさらすとき、華美であるよりも控えめがエレガントという理由から黒を着た、という伝統のマナーを学ぶための一着でもあります。

そんな半《なか》ばお仕着せの黒を卒業し、大人の女になって、黒以外にも多かれ少なかれさまざまな色の服を何枚かそろえ、併せてアクセサリー、小物のおしゃれを学ぶと同時に、人生のなかのいろいろな場面を経験していきます。そしてあるときは、派手すぎた昨日の夜の装いを悔やみ、あるときは、決まらない今日の自分の装いを憂えるあまり、外出する勇気もなくしと、あらゆる精神的試練を経て、大人の女性になってゆくのです。

その結果大人の女性として自信を蓄えたとき身につける黒は、完成度の高い、しかし飾りも必要としないほど訴える力のあるものとなるはずです。それは精神的に安定した、また自分を客観的にゆっくりと見られる、そして繕《つくろ》いもしないありのままの自分を愛せる大人の女の黒です。あるときは慎み深く、またあるときは、このうえなくセクシーな色としての黒を、ひとりの女性として着こなせるようになるには、女として自信を持つことが、最低限必要になってきます。

私がパリに留学していたころは、昼でもかなりドレッシィな黒を着ていたような気がします。そこで、もっとあのころに、昼の装いとしての黒を勉強してみたかったという後悔も含めて、黒を極めるために欠かせない昼の着こなしを少しだけお話ししましょう。

まず素材を分けなくてはいけません。昼の装いには、光沢のないマットな素材、たとえばコットンやツヤのないシルク、それとウールなどが適しています。ワンピースのように全身すっぽり黒で覆うなら、アクセサリーは金、銀、ビーズなど軽いものか、代わりに大きなバッグまたは赤などのバッグや靴で大胆に着こなすのがよいでしょう。また、トップか、ボトムスのどちらかをカラフルなものにするのも、カジュアルに着る秘訣でしょう。

先日インタビューしたパロマ・ピカソは、赤いシャツに黒のパンツ、そして黒のショートブーツで、シャツの赤と口紅の赤が全く同一色でした。こんな細かいところへの気配りが、本物のおしゃれの道のような気がします。

いずれにせよ、黒を自分らしく表現するためには、パリの女性にしても長い年月が必要です。そのためには、まず極め付きの黒の一着を、丁寧に着こなしていくことからスタートすることが何よりの近道でしょう。

モードよりも自分を輝かせてくれるのは、体型にぴったりと合った服です

パリの女の子は、ただコケットに着飾った十代を過ぎると、自分を大切にいとおしみながらおしゃれする二十代へと向かいます。あれこれと服を見る目を養いつつ、シンプルでも「最高に自分に似合う服」を一生かかって追い求めてゆきます。

そんななかで、自分に似合う服は、それほど数多く存在しないということにも気づいていくはずです。数ある服も結局は、自分にふさわしいひとつの形に集約されていくことは自然の成り行きであり時間の問題かもしれません。

たとえばその昔、ウィンザー公妃は、白い手袋を二千組持っていたそうですが、それをつけるときの彼女のドレスは、いつも同じデザインのシンプルなものだったといいます。このエピソードは、自分にふさわしい服を見つけることのできた顕著な例とはいえないでしょうか。たとえタンスの肥やしになった服が多くても、それは努力す

ればいつかめぐり会える次のステップへの予行演習となるのです。「最高に自分に似合う服」とは、脱いで下着姿になったときより、ずっとボディラインを魅力的に見せる服のこと。鳥にたとえるならば羽にあたる「第二の肌」ともいえるものが服の役割で、自らの個性とセクシュアリティを引き出すものでなくてはなりません。

そんな服と出会うために必要なステップが「自己観察」で、繕ったり隠したりせず客観的に自分を見て、ありのままの自分を認めることです。たとえば長所（ウエストが細い、足首が細いなど）と短所（首が短い、歯並びが悪い、胴が長いなど）をリストアップすると同時に、好きな服の出ている雑誌のページを切り抜いて、データを作成します。そして、その共通項が自分にふさわしいスタイルで、さらに具体的に長所を強調し、短所を目立たなくさせる研究をするとよいと思います。

昔、ブリジット・バルドーは、自慢のバストを強調するため、自分より小さいサイズのセーターを短めに着、下は細身のジーンズを穿《は》いて、さらに脚を長く見せていました。彼女が世界一魅力的な女優になった裏には、長所をより際立たせる計算された着こなしがあったわけです。

また、最近は、胸元を開けて、補整下着をつけてまでも、バストの谷間を強調する

ファッションが流行しています。でも、たとえばその人がやせていて、鎖骨が飛び出して、そのうえ、えぐれているようにくぼみができているのを見せることくらい、醜いことはありません。パリの女性ならば、鎖骨が出すぎていたら、スカーフやハイネックカラー、あるいは何連ものネックレスでカムフラージュするか、さほどやせすぎでないなら、透ける素材を着るといったところでしょうか。

短所をことさら卑屈に思うことなく認めたうえで、服を選ぶことが大切なポイントではないでしょうか。

そのほかフランス式体型に合う服の選び方の知恵を拝借してみましょう。

前項でも触れたように、下半身が重たげな女性は、上半身に視線を集めるように、たとえば美しいブラウスに、シンプルなダークカラーのスカートを穿くようにします。

一六〇センチ以下の身長の女性は、上下の色をコントラストのある色で合わせないほうがすっきりします。また、シャツの裾をスカートの中に入れないで、上から細いベルトをゆるめにしたり、ジャケットをヒップのいちばん高いところまでの丈《たけ》にして、ウエストをマークしないようにすることもポイントです。

ストッキングもひと工夫します。脚を長く見せるために、靴と同色のストッキングをつけます。フリルや大柄のプリントを避けるのも大切な点です。こういった知恵は、小柄な私たち日本人女性にとっても、貴重なアドバイスになると思います。

ファッション雑誌もコレクションも、またスーパーモデルたちも、背が高く、細く、おまけに最近では筋肉質の健康的なボディが注目され、ますます私たち一般の女性から遠ざかっていくようです。しかし、実際は必ずしも細く、大きければ美しいというものでもありません。小柄な女性の弱々しさや、ふくよかな二の腕が、かえって男性にとって魅力的に映ることが多いのも事実です。ですから、自分自身の体型を無視して、モードだからとにかく着てみようという考え方では、実際のおしゃれは、成立しないこともあります。

平たいヒップも洋服を着こなすうえではマイナス点です。平面的な身体というと、日本人の専売特許のような気がしますが、一九五〇年代には、ヒップパッドのついた服も欧米で登場しました。今日の平たいヒップ対策としては、プリーツやドレープが挙げられます。それと体操でウエストを細くして、ヒップを目立たせる方法もあるのです。

大柄の女性は、より可愛らしさを見せる努力が必要となってきます。小さく見せるために、段々に分かれた装いや、全体の大きなラインをカットするあらゆる要素、つまりタータン・チェック、プリント、ストライプなどを取り入れます。スカートは短めに、またベルトも大切なアクセサリーになってきます。

さらに、多くの女性が悩む太りぎみの人の装いについても、特記しておかなければなりません。先ほどもお話ししたように、現代の流行はやはり細い女性に照準を合わせているようですから。いずれにしても、ボディにフィットしたスカートやハイウエストのものは、いくら流行とはいえ、避けるべきではないでしょうか。

私たちは、とかく体型については心を砕き、ダイエットに関してもあれこれと敏感になっていますが、反対に服のシルエットとなると、まるで自らの体型とは無関係かのように、別のものとして装っていることがあります。服を買うとき、選ぶときの目をもっと厳しく、自分自身にも厳しくすることがおしゃれの基本です。モードでごまかすより、体型に合った装いの美しさこそがあなたを輝かせるということをくれぐれもお忘れなく。

日曜日には靴を磨く習慣こそが、エレガントな女性への近道なのです

ヨーロッパでは、初対面の人をまず靴で判断するといわれています。靴が何よりも持ち主を物語るからです。

フランスのあるアンケートでは、七二パーセントの男性が、女性の靴と脚にまず目がいくと答え、五四パーセントの女性が、男性の靴と手に注目すると答えています。それは、中世までは限られた特権階級の人のみが靴を履いていたという歴史的事実だけに、理由があるわけでもなさそうです。

きれいに磨かれていなかったり、ヒールが擦《す》り減っていたりすると、だらしない人間と評価されます。手入れされていない靴は、どんなに装いが素晴らしくても、すべてを台無しにしてしまうからです。

一九六〇年代、世界の有名人を顧客に持ったことで有名になった娼館の経営者マダ

ム・クロードが、その「娘たち」に教育したことのひとつに、靴磨きがあります。それも靴のかかとの裏側に至るまで、徹底的に磨く習慣でした。

月曜日から始まる一週間の準備のために、日曜日の午後は靴を磨くというパリの女性の習慣は、こうした身だしなみの常識からくるのでしょう。日本人にとっては、靴の歴史はまだまだ浅いわけですが、この十年ほどで、やっと足元の重要性が、クローズアップされてきたようです。

家の建築様式の点から、日本人は常に、玄関で靴を脱ぎ捨ててスリッパ（欧米では寝室でのみ使用します）に履き替えます。しかし、服のシルエットからすれば、その時点ですでに、全体のプロポーションは崩れてしまいます。外国では、外出前に必ず靴を履いてから、全身を鏡に映して最終チェックをするのに、日本では、その場所で全く対照的なことが行なわれていることになります。

上半身をいくら飾ったとしても、足元が無粋《ぶすい》なスリッパ姿では、雰囲気も丸つぶれです。

まず洋服の場合、第一に考えるべきことは、足元が目立つと全体のラインを壊してしまうということです。和装のときの白足袋《しろたび》と草履《ぞうり》のようなアクセントのつけ方は、洋服では通用しません。靴は、目立たないからこそ美しい部分です。

これまでに、上半身を目立たせるおしゃれをテーマにしましたが、下半身は決め手となる靴を抑えてこそ、スマートになります。つまり、あえて奇抜なデザインや、見るからに目を引くものを避けることが、エレガンスへの近道というものでしょう。

ストッキングの色も、靴の色と同じにするのが脚をスマートに見せるポイントです。悪い例としては、服がどうあれ、紺のストッキングにマロンの靴や、黒のストッキングに赤い靴などは、足の部分だけがカットされているので、短く見えてしまいます。パリの女の子の好む靴の色は、黒、ベージュ、マロンと紺です。黒の靴は、紺、黒、グレーの服のとき、そして、マロンの靴は、そのほかの色の服のときのためです。また、暑い季節に履く靴の色としては、白よりベージュがどんな服にも合い、そして足を大きく目立たせるようなこともないので人気です。

ストッキングは、靴の色のほかにスカートの色と同色にするとすっきりと見えます。ところで問題なのは、赤などの鮮やかな色のスカートのときです。このとき、ストッキングや靴まで赤にしたりする人はいないでしょう。その代わりになる色が重要です。結論からいえば、ストッキングも靴も黒にするのが正解です。それは、足元はあくまでもダークに、そして控えめな美しさであってほしいからです。

しかし、その控えめさは、ただ地味であればいいというものではありません。脇役にも持ち味があってこそ、主役は華やかに脚光を浴びるのです。脇役といえどもよく手入れされて、シルエットの美しい控えめさのある靴でなければ、主役の上半身は、決して印象的には映ってこないものです。

ところで、シンデレラのガラスの靴に象徴されるように、昔から足元は小さくて華奢《きゃしゃ》なほうが美しいとされてきました。

今日でも、その名残りか、わざわざ自分の足のサイズより小さい靴を履く女性は後を絶ちません。しかし現代は、女性美に「健康美」が加味される時代です。健康面から考えると、小さすぎる靴は血液の循環を悪くするだけでよくありませんし、歩き方も不自然になりがちです。

フランス語では「自分にふさわしい人生の伴侶を見つける」ことを「自分の足に合う靴を見つける」という言い回しで表現します。人生の良きパートナーと自分に合う靴は、同じくらい大切でまた見つけにくいというわかりやすい例といえるでしょう。

それは、最終的に足元の美しさを左右するのは、動いている姿だからです。立ち止まっているときに美しい足も、動き出すと曲がったり、バランスを崩している場合が往々にしてあります。ですから、靴は人生のパートナーにも似たぴったりと合うものが必要とされるわけです。

土踏まずが、きれいなアーチを描くように反《そ》り返《かえ》り、足の指根丘（足の親指と小指のつけ根の丸い部分）が靴にぴったりフィットしていれば、足の指も、足の位置もきれいに落ち着き、自然と歩き方も美しくなります。

これは身体全体の重心が、正しい位置にくるからです。そのためには、全く平らなローファーも、高すぎるピンヒールもだめで、五〜七センチくらいのヒールが理想です。

いずれにしても、足を包む靴が汚れていたり、足元がふらついていたり、だらしなく歩くのは、その人自身の生き方を物語っていると考えられてしまいます。こうした姿は、自分自身では客観的に見られないだけに、十分気をつけなければいけないことではないでしょうか。

「地に足がつく」という言葉の持つ重みと同様、足元がふらつかず、人生をいとも軽やかに歩いてみせることが、エレガントな女性にもっともふさわしい生き方なのかもしれません。それになくてはならないものが上等な靴、自分の足に合う靴です。パリの女の子たちが、靴を自分にふさわしい相手を求めるように慎重に時間をかけて探し、品質の高いブランドに惜しみなく投資するのが、理解できるような気がします。

爪の表情は口以上に雄弁に、その人の人格を物語ってしまうものなのです

中世フランス文学を代表する恋愛をテーマにした伝説『トリスタンとイズー』には、白い手の美しいイズーが登場します。昔から手の美しい女性は、男性の憧れとされてきました。

パリのルーブル美術館にある『モナ・リザ』も、あの柔和とも蠱惑的《こわくてき》ともとれる美しい表情が有名ですが、実は手のほうがもっと素晴らしいと評価する人がたくさんいるのです。一説には、画家にどれほど女性の美を描く力があるかは、その作品の手を見ればわかるともいわれています。まさに、女性の手こそ「心」であり、「魅力」そのものだからともいえましょう。おしゃれな人ほど、人体の華奢なふたつの先端部分、つまり手と足を大切にするというのもそうしたことからです。

そのうえ、西洋では挨拶代わりに握手をすることから、最初に触れる身体の一部と

して、手を差し出される側の男性にとっては、非常に関心の高いものとなったのだと思います。だから手袋への思い入れも深まり、男性への扇情行為として、突如それを脱ぎ捨てるなどということがされたわけです。一方、敏感な女性は最初の握手で、相手の好き嫌いを判断することも可能だともいわれています。

手はその人の気性を、時には運命までも表わします。ましてや口のように黙らせることができませんから、口や目の表情よりも〝雄弁〟です。

フランス人の多くは、話すときに手も同時に動かしますが、その動かし方こそ、その人のエレガントさを表わすともいわれます。それは手の動きが頭の働きそのものを示すからで、今日も人前で話すときに、手のやり場に悩む人々が後を絶たないのです。そこで、わざわざ社交術の先生に教わりに行く人がいるほどです。たいていそこで、あるひとつの体操を教えてもらいます。この体操の目的は、手の神経をリラックスさせ、手の存在を忘れることにより、自然な動きを出そうというものです。

具体的には、まず前方に両手を垂らし、次に五分間、ありったけの力を出してもう一方の手をねじ回すことです。こうすることで、触感の感覚がなくなり、脳の記憶が取り消されるのです。こうして、手の動きをどうすればよいかといった悩みから解放されるのだといいます。この体操を一カ月間続けることにより、手の動きのわずらわしさや執着《しゅうちゃく》から解き放たれるというのです。

人に会う前に、よく頬をつねったり、揉《も》んで筋肉をほぐす人はいますが、今度は、手を思いきりねじ上げてみるのはどうでしょうか。でもやはりこうしたことは、他人の家の玄関に入ってからでは遅すぎます。車中か門に入る前にしてほしいものです。手を美しく保つということは、女性に生まれついたからには、少なくともひとつの義務だと思います。

その前に、美しい手の定義づけをしなくてはいけないでしょう。華奢で、細く長い指とごつごつしていない関節。楕円形の中央が盛り上がっている爪。そして腕につながる華奢な手首。

昔からヨーロッパでは、手首や足首が細いことは、血筋の良さを物語るといわれたといいます。白い手もしかりです。ですから、手も顔と同様、念入りに手入れをしたいものです。風雪に耐え、水や空気にさらされているのです。手入れを怠るとすぐに傷《いた》み変形してしまう、か弱い存在なのです。

以前、大晦日《おおみそか》にパリにいた私は、年越しのソワレに出席するため、昼間美容室へ行きました。どこの国でも同じことで、パーティへ出かける前の女性たちでお店はいっぱいでした。

ドライヤーに入りながら、マニキュアをしてもらう女性たちの目は、幸福に輝いていました。こうしたパーティに出席する日は例外として、ふだん自分の爪を手入れするのは、あなた自身です。甘皮の処理やカットを入念に丁寧にしておきたいものです。爪も服や靴と同じこと。自分以上に見せようと主張が強すぎると、逆に上品さからほど遠くなってしまいます。手の部分も足元と同様、雄弁にその人の人柄を表わしてしまう個所です。それだからこそ、主張しすぎる爪は、ただの口数の多い女に映りがちです。おしゃれで控えめな爪としては、どちらかといえば短く、でも決して深爪をせず、手のひらから見ると、二、三ミリ出て見えるくらいが理想的でしょう。

この長さなら、手先仕事、お裁縫、台所仕事、そして恋人同士の愛の会話に向いています。

それとパリの女性たちは、見せかけだけのシックは、わざとらしいとして嫌うのです。女優さんたちでさえ爪は短く、長すぎる爪は好まれないようです。

もっとも好まれる形は、やはりちょっと長めの楕円形です。そして仕上げとして、マニキュアを塗ります。が、その前に乾いたティッシュでよく爪を拭きます。マニキュアは、乾いた爪にしか固定しないものです。

ベースコートも、爪を硬くする液も厚ぼったく見せるので、私はいつも直接マニキュアを塗っています。私の知っているおしゃれな女性たちは、ほとんどマニキュアは透明色か、あるいは、淡いピンクを二度塗りする程度です。

マニキュアの色も流行色として、毎シーズン売り出されますが、エレガンスとは無縁といった色も正直いってよく見かけます。流行の色はどうあれ、爪を必要以上に目立たせるというのは、人格が露見しすぎて、かえってマイナスになってしまいます。何度も言いますが、手が雄弁にその人を物語る武器であればあるほど、上品に見せるための注意を怠ってはいけません。

白い手、そして透明感のあるマニキュア、ささくれのない指、仕事をするうえで邪魔にならない適度な長さの爪、といったことが、控えめさと上品さのバランスのとれた理想の手の条件といえるのではないでしょうか。指がささくれないために、私は食器洗いのときゴム手袋をはめる前に薄手の白い木綿の手袋をして二重に手を守ります。この方法はかなり効果的なのでおすすめです。

自分の姿をもう一歩下がって映してみる、そこに「引き算のおしゃれ」の極意があります

昔、私にこんなことをつぶやいたフランスの友達がいました。「日本人は芸術品を見るとき、いつも近づいて見るわね。私たちはいったん下がって全体的に見るのだけど」と。

日本人のほうが細かいところにより注意を払うという意味でしょうか。ところがおしゃれやお化粧となると、それが明らかに裏目に出てしまいます。鏡にあまり近づきすぎてメークしたり、外出前に全身を姿見で映す習慣が身についていないと、部分的にはよくても、全体的に統一がとれなくなる恐れが出てくるのです。

いままで、下半身、靴、そして手と、抑えてこそ全身の装いが光る部分についてお話ししました。そこでそのまとめとして、全体にまで目を向けて、控えめであること、引き算の考え方こそエレガンスに近づくヒントであることを考えてみましょう。

フランスの本に、よくこう書いてあるのを見かけます。

「クリスマスツリーのようにならないで」

つまり言い換えれば、クリスマスツリーのように光り物や飾りをやたらとぶら下げると、エレガンスから遠のいてしまうという意味です。なるほど、たとえばジュエリーに関しても、シンプルなデコルテのドレスを着たとき以外は、イヤリング、ネックレス、指輪、ブレスレットを一度に身につけるということはまずないわけです。ましてやふだんの日中なら、指輪以外のアクセサリーは、ひとつかふたつというのが暗黙のルールです。

先日、パリで昼間にお会いした〈バカラ〉の女社長であるマダム・アン＝クレア・テタンジェは、黒のカッティングの良いスーツに身を包み、アクセサリーといえば唯一大きめの腕時計のみでしたが、そのスマートさはなんと心憎かったことでしょう。

持っているものをできるだけ多く見せたいという気持ちがわかってしまうことは、それ自体シックでもエレガントでもありません。つけようかどうしようかと迷ったら、とりあえずつけないという「引き算の美学」をおすすめします。多すぎるより少なめに。また、見せびらかすよりも、見えないところに隠すくらいのつもりが基本です。

控えめの美学を特に現代人は忘れがちですが、精神面はもちろん、装いに関しても「控えめこそエレガンスの最大要因」だということをもう一度、頭の中に叩き込んでください。ことさら目立つものを身につけて、ひと目でどこのブランドかを知らせることが、なぜエレガントといえるでしょうか。ブランドが、着ている女性の価値を決めるわけではありません。身につける服も、アクセサリーもメークも髪型も、すべてその女性の長所や美しさを引き出す脇役であることが、いちばん大切なことです。

若くてまだ人間的に成熟しきっていない女性にかぎって、必要以上に高価な服や小物を身につけたがりますが、それより若い女性の魅力を際立たせてほしいものです。

つまり、自分に合った装い、もっといえば、自分の長所をきちんとほかの人にアピールできる装いこそ大切になってきます。それには、まず自分の身体をよく見て、その長所を知ることが何よりも肝心です。

もし顔にスポットを当てたいならば、イヤリングと、そのイヤリングの延長線上の肩の上の高い位置に、同じテイストのブローチをつけ、ほかの部分には何もつけないようにします。あるいは、髪の美しさが自慢の女性なら、バレッタやヘアバンドで周囲の視線をキャッチするのです。

細くて長い首がチャームポイントならば、アップスタイルや、下がるドロップ式イヤリングで首の長さを強調したり、オープンカラーにプチダイヤのペンダントをするのです。バストが魅力ならば、ソフトシルクのシャツやレースのブラウス、ストラップレスのドレスを着るのもいいでしょう。

美しい背中も魅力のポイントになります。あなたが美しい背中の持ち主ならば、後ろがVの字形に開いているセーターを着てアピールするのもいいでしょう。こうしてもう少し自分を知って、考えながら魅力的に装うことこそ「引き算のおしゃれ」の楽しさなのです。

それは、ジュエリーのつけ方ひとつにも当てはまります。II章で詳しく触れますが、自分を上手に飾ることを知っている人ならば、一度にふたつ以上のブレスレットをしたりしないことを原則《モットー》としているでしょうし、片方の手に三つ以上の指輪もつけないはずです。

それよりも、ジュエリーをどういう動きのなかで見せるかということを考えましょう。

たとえば、肘《ひじ》をついて、イヤリングのところに指先が触れるように話をする自分を想像してみたり、あるいは、ブレスレットをしてイヤリングに触るしぐさを工夫したり。宝石を動かして見せる効果を知っていることが、成熟した女性のジュエリー使いといえるのではないでしょうか。

お金に余裕があれば、この服は劇場に着ていくもの、この服はレストランに行くときのものというふうに、シーン別に服を選べるでしょう。しかしたいていの人はかぎられたものを賢く工夫して、着分けていく必要に迫られているのが現状です。シンプルなドレスやスーツにはアクセサリーやジュエリーを使い分けて、あるときは昼のものとして、あるときは夜のものとして着こなすためにも、効果的に小物をあしらうことのできる女性になりたいものです。

最後に昼のシーン、夜のシーンを比較しながら、小物と服の適度なバランス関係をお話しして、「引き算のおしゃれ」のまとめとしましょう。

昼間は明るい色のストッキング、そして控えめなアクセサリーと革の靴が基本です。夜は、薄手のストッキング（黒いストッキングは、華奢なパンプスに合わせると夜のエレガントな装いに、ごつい靴に合わせるとお葬式用になってしまいます）と、クラシックなアクセサリーを身につけます。

　夜も深まり、ドレッシィな装いになればなるほど、アクセサリーは輝きを増し、存在感が大きくなり、反対にそのぶん、バッグは小さく、靴は華奢になり、ドレスも刺《し》繍《しゅう》やスパンコールをはずすのです。そして夜のゴージャスな装いで外を歩くときは、コートやショールで控えめに隠して、他人の視線からはずすことです。これもひとつの「引き算のおしゃれ」、あるいは「控えめのエレガンス」の装いのマナーといえましょう。

優しくて自然なしぐさは、小さくても温もりのある胸元から生まれます

アメリカで、ウーマンリブ（女性解放運動）の女性たちがブラジャーを投げ捨てながら行進したのは、一九六六年ごろのことでした。そして、六〇年代末には、ジーパンにTシャツ姿、ミニスカートにパンティストッキングといった女性たちが、街に繰り出していったのでした。その後七〇年代末までは、下着がますます小さく小さくなっていきました。

六九年夏、ロンドンのバスの窓から私が見た光景は、いまも忘れません。それは、風でミニスカートがめくれて露《あら》わになった若い女の子の下半身でした。脚は長いけれど、ショーツなしのパンティストッキングは、私の美意識に著しく反するものでした。

女性にとっての下着は、ごく個人的な秘密の部分です。コレットがそのエッセイの中で、ポスター画家のアドルフ・ヴィエットの言葉を引用してこう書いていました。

「世の中の破壊者たちが、女の下着を簡略化させてしまったんだ。肉屋だって、羊の股肉《ももにく》をレースペーパーで包むっていうのにね」

身体を隠す。それも美しいレースやシルクで美しく覆うというのが、下着の本来の存在価値のはずだったのに、最近は体型を美しくする方向にみなの目がいきすぎているような気がします。きつすぎるコルセットは、美しいしぐさを台無しにしてしまったし、身体がこわばってしまって、歩くときに波のように服が揺れることもまずなくなりました。

さらにまた、ブラジャーが鎧《よろい》のようになってしまって、恋人の男性はさぞかし触れるのも尻込みしていると思われます。そのうえ、女性の肉体は下着の跡だらけになる始末です。矯正下着の信仰も度を越せば、かえって魅力がマイナスされるばかりです。それに女性の生理的機能にもダメージが加わるでしょう。

完全でないプロポーションの女性でも、矯正下着で生まれつきの身体を直す代わりに、自分の体型に合うスタイルの服を選んで着こなすほうが個性的な味が出て、かえってシックになるものです。

いつか街で擦れ違った女性がとても印象的で、思わず振り返ったことがありました。

フレアのスカートにベージュのストッキング、そしてスウェードのパンプスのヒールは五センチぐらいでしたが、全体の女性らしい雰囲気の中に独自のスタイルがありました。雰囲気のある着こなしには、自分の身体をあえてつくる必要はないのです。そしてナチュラルな動きにこそ美が存在すると思います。

下着に関しては、アメリカとフランスでは少し考え方が異なります。ガードルはアメリカ製が世界一と専《もっぱ》らの評判で、アメリカではつい最近まで、街中を歩くときは必ずガードルをつけることが、エレガントな女性の条件でした。

ナイロンや伸縮素材のしっかりしたアメリカの下着は、洗濯機にも強く、実用的ですが、フランスの下着はどちらかというと、デザインも繊細で、シルク素材や薄くて柔らかなレース素材が主流です。

バストも小さいなら小さいまま、薄くしなやかなブラジャーに包んで優しい表情をつくるほうがセクシーと考えられているからです。

バストをいくら大きそうに見せても、堅い鎧のような下着をつけているのは興ざめというもの。恋人の男性がつい触れてみたくなるのは、不自然に強調された胸ではなく、小さくても柔らかくてあったかい温もりを感じそうなものだということをパリの女の子は知っています。

近頃は、バストがあまり大きくない女性は、ブラジャーを無理にする必要もないという考えが再び戻ってきたような気がします。ワンダーブラ・フィーバーの熱も少し冷めてきた証拠かもしれませんが。

服のデザイナーであると同時に、毎回とてもチャーミングな下着を発表するシャンタル・トマス自身が日常身につけている下着は、シルクのキャミソールにショーツ、そしてガーターベルトとストッキングで、ときどき実用としてでなく、飾りとしてのみキャミソールの下にブラジャーをつけるのだといいます。

パリの〈シャンタル・トマス〉のお店は、下着の夢を売る素敵なお店です。私も試着室に入って、夢のようなレースの下着を試してみた美しい思い出があります。

そういえば、マリリン・モンローも昼間はノーブラで、寝るときのみ胸の形を維持するためにブラジャーをつけたといいます。ですから、日中でもブラジャーの代わりにキャミソールやスリップをつけることだってあってよいのだと思います。

世の中の男性は、特に恋人や愛する女性があまり挑発的な下着をつけるのは、賛成しないようです。しかし、ほどよいセクシーさが大切です。色に関しても、鮮やかな色イコールセクシーという選び方は危険です。つける人の肌の色や下着素材によって、美しく見えたり見えなかったりと微妙です。下着を選ぶときは恋人と一緒に行くことをすすめます。

たとえば白い下着は、健康的な肌の若い年齢の女性なら、誰にでも似合います。特に夏には白は最高ですが、コットンやシルクの白はよくても、化繊の白は古くなると黄ばんでくるのが難点です。

黒い下着は、あらゆる肌の色や年齢にマッチします。化繊ですと古くなっても変わらないのですが、逆にシルクやコットンだと色あせる心配があります。

ピンクの下着は日本では中年以上になるとつけませんが、ヨーロッパでは服と同様、大人の女性ならば年齢を問わずつけるものです。ピンクは若々しく見せる魔力があるからですが、コットンのピンクは色あせて見えるので要注意です。そのほか年齢を重ねるに従って、クリームやベージュ、ブラウン、紺などを着こなしていきますが、黒以外のどれか一色をひと揃い持つことから始めてゆくのもよいでしょう。

真っ赤などの鮮やかな色は、十代の女の子を除けばエレガントに見えないことも覚えておいてください。

本当にいい下着に出会った女性なら誰しも、その充実感を味わうはずです。自分だけしかその快適さがわからない領域だけに、大切なのが下着です。身体を締めつけない、肩が凝《こ》らない、柔らかく包んでくれて、ラインの跡がつかないような軽い下着。そしてしぐさまでナチュラルにしてくれるのが本物の下着です。

自分を大切にすることを忘れそうになったら、まず自分に美しい下着をプレゼントする。いくら高くても服よりずっと安い額で、リッチな気分にさせてくれるのが下着です。そして、肌にいちばん近いところに着る「もうひとつの肌」としての下着の条件は、自然の素材であること、身につけたとき、締めつけない快さを与えるもの、そして、そのときの自分と一体化するような様々な表情に対応できるということだと思うのです。

白い肌への憧れが、表情のない日本人独特の顔をつくってしまいます

こんな光景を見たことがあります。フランス人のマヌカンが、白いベースを塗ろうとしたメーク係の若い男性に、こう言ったのです。

「日本人の女の子みたいに、真っ白けにしないでね」

そういえば、アメリカ映画によく出てくる和服姿の日本女性は、決まって能面のごとく真っ白に顔を塗っています。

その昔、日本の女性が和服で暮らしていたころは、生活も静かで、表情も楚々《そそ》とした美しさに溢れていたことでしょう。だから白っぽく顔をつくることも似合っていたのでしょう。

この間も、フランスの美容誌『ヴォートル・ボーテ』の編集者から国際電話がかかってきて、こんなことを聞かれました。

「日本女性の白い肌への執着は、芸者さんの白塗りと関係があると思うのですけれど、そもそもの芸者さんの白塗りの由来を教えてほしいのですが……」

そこで私の知り合いを通じて、京都は宮川町の舞妓さんに伺うと、明快な答えが返ってきました。それによれば、昔、電気の照明のないころ、「あんどん」の灯の下でいちばん美しく肌が映るのが真っ白い肌だったというのです。そして白いベースに、唇と、目尻と、瞼《まぶた》にさした紅が、華やかさを加えたということでした。照明効果を考えての白い肌だったのです。

ところが、現代の日本女性は洋服に身を包み、おしとやかどころか、アクティブに颯爽《さっそう》と街を闊歩しています。もしこうした現代女性たちが、まだ「白い肌」への信仰を妄信していたら、どうでしょうか。ホワイトニングの化粧品がこれほどまでに売れる国は、日本をおいてほかにないと聞いています。それは、少なくとも世界的に見ると、ずいぶん変わった現象のようです。

長い間、フランスの女性たちは、ディナーやパーティなどの外出以外、特に昼間はファンデーションを塗らないことがほとんどでした。以前、日本のあるデパートで一緒に対談したフランス人のマダムは、その会場に着いてから、メークをおもむろに始めました。理由を聞いてみると、なるべく美しい肌色を保つには、人前に出る一時間以上前には、ファンデーションをつけないことだというのです。私たちにとってファンデーションは、素肌を美しくカバーする信頼できる化粧品であるのに対して、彼女にとっては、自分の顔を完璧に見せるための、しかしそれはとても崩れやすい化粧品だったわけです。

油断すると、ファンデーションは顔や首のシワに溜まったり、瞼に線状によれたりして、反対に醜く映るものです。崩れていない完璧な顔に見せるためにも、ファンデーションを使う時間をできるだけ絞り込むというのは、なるほど理にかなった方法です。いつも厚塗りの「白い顔」といわれないためにも、私たちも使う時間を少し工夫してみるべきかもしれません。

ところが、このファンデーションも、徐々に性質を変えつつあります。よくいわれる紫外線防止効果、保湿効果、さらにはビタミンEといった肌へのトリートメント効果がクローズアップされ、もう日中にもなしではいられないものとなってきました。

崩れた顔は見せたくないけれど、肌のためには終日ファンデーションをつけておくほうがいいという、ジレンマが現実に訪れているのです。化粧崩れを最小限に抑え、しかも自分の素肌のように見せるファンデーション・テクニックが、いまの時代には求められています。

昔、パリにいたころの好奇心旺盛な留学生の私は、ある日ピンク系の明るめのファンデーションを塗ってみました。すると、すぐさまそれを見たクラスメートたちに、こう言われました。

「あなた、ピンクのお化粧は舞台やテレビに出演するときにするものなのよ」

ファンデーションの色は、塗る部分が顔全体なので微妙な差も大きな差となってしまいます。ピンクを顔全体につけると、顔だけが一人歩きをしてしまうのでしょう。

ところで私たち日本人は、「明るく、白く」ということばかり気にかけて、肝心の表情を殺してしまうメークになっているようです。だから、前述のマヌカンのように日本人メークが極端に嫌われるのです。いくら白くても、表情のない能面のような顔では、そこにはなんの魅力もありません。

一日中、ファンデーションを塗ったままでいるときは、太陽の下でも自然に見えるためには、少し日焼け色のほうがナチュラルでしょう。家の中の照明の下で、白っぽい肌にしてしまうと、外に出るとまるでお面のようになってしまいます。

私も失敗しましたが、いきいきした表情のある肌色とは、決してピンク系でなく、オークル系の日焼け色です。もともと色白の人は、いきなり日焼け色というのも勇気がいるでしょう。まず、一トーンから二トーン、ダークにしてみたらどうでしょう。

最近目にしたフランスの雑誌によれば、どんな色白の人でも、

「もともと人間の肌の色素には、黄色い色素がピンクの色素より多いので、ピンク系のファンデーションは終わりを告げ、これからは、まさにオークル系の時代になる」

とありました。

これからのファンデーションとの付き合い方は、一日中肌の上に保護膜程度の薄いヴェールとしてのせておくというのが正解でしょう。つまりもうひとつの素肌として、自分本来のもつ肌や顔の表情を生かしつつ塗るという姿勢が大切です。

外国の女優さんたちのなかには、ソバカスをトレードマークにしている人が何人もいました。なかでもマルレーヌ・ジョベール（チャールズ・ブロンソンと共演した『雨の訪問者』が有名）は、ソバカスで人気がありました。彼女はソバカスをメークで隠すこともしないで、ショートカットと併せてひとつの売り物にしていました。

パリに住む私の友人で、かつてモデルの経験のある日本女性があるとき、ファンデ

ーションをつけていないように見せる方法を教えてくれたことがありました。
指で丹念に毛穴のひとつひとつに擦り込むようにつけ、そのたびにティッシュペーパーで指についたファンデーションを拭き取っていくというものでした。それはむしろ肌にのせるというより、肌にファンデーションが吸収されていくといった印象でした。

普通の化粧品でも工夫次第で、これほどメークの効果が違うのだということを驚きながら見ていたのは、もう十年も前のことになります。そのころのファンデーションは、いまのものに比べるとずっとナチュラルさに欠けていたと思います。そのころもうすでに、少しでもわざとらしさをなくそうと工夫していた私の友人は、本物のおしゃれを知っていたのでしょう。

ホワイトニングや白塗り偏重主義の日本人が、いかに時代遅れだったかということがわかります。ファッションもメークも、ますます「さりげなさ」が主流になってゆくような気がします。

自分のリズムで生活すること、それがシンプルで美しく見せる何よりの秘訣です

いま、フランスでにわかに注目されているキーワードは、「シンプル」であるということ。それはモード全体においても、メークにも、そして生き方全体においてもいえることです。

ただしここで誤解してはいけないことは、「ナチュラル」とはほぼ反対語に近いということです。「シンプル」は、洗練に洗練を重ねた結果、爪の先まで手入れの行き届いた無駄のない状態をさすのであり、一方「ナチュラル」は、ある程度生まれたままの自然の成り行きに任せる精神がベースになっています。

近年、洋服もますますさっぱりとシンプルなデザインになり、ジュエリーも大きな色もののファンシー・ジュエリーより、一粒ダイヤのイヤリングが人気を集める時代になりました。そしていま女性として輝くためには、健康を考えたうえでの食生活を

し、すっきりした隈《くま》のない目元と疲れを感じさせない肌を心がけなければいけません。

生まれたときに与えられた自分の肉体は、そのまま放っておいたり、欲望に任せていたら、醜くなる一方です。お酒やたばこ、薬などで荒れてしまってから顔や肉体にいくらお金をかけてカバーしようとしても、遅すぎだとは思いませんか。こんな果てしのないイタチごっこに終止符を打つべく世の中は動き出しているようです。

パリの女性たちが、身体を「シンプル」につくり替えようとし始めている象徴的な動きのひとつに、入浴センターの人気が挙げられます。入浴センターといっても、タラソテラピー（海洋療法）やハンマン（トルコ式蒸気風呂）などの豪華な設備に、場所によってはエステサロンや美容室、レストランまで揃っているおしゃれなヘルスケアの殿堂です。

従来からあるような海辺のタラソテラピーとは異なって、海水も海の空気もありません。でも、遠くまで足を運ぶ時間のないパリの人たちが、いながらにして一週間の疲れをほぐすことができ、そして何よりも精神的にリラックスできることが、その人気の原因だといいます。その結果、逞《たくま》しい精神が肉体をコントロールしますから、身体を「シンプル」に保つこともできるわけです。

そうです。身体を「シンプル」に美しく見せるためには、まず精神そのものが健《すこ》やかでなければなりません。そのためにはもう少しストイックであることもとても大切です。

これまで世界中の「持てる国」の人々は、あまりにグルメだの贅沢だのに走りすぎたようです。今日の「シンプル」主義は、より自重した生き方を選ぶ代わりに、美しい身体を手に入れるということです。それに、過度な美食や大食が健康の助けにならないことを能ある現代人は身をもって知っています。事実、アメリカのある調査によれば、十万人の女性を対象にして体重と死亡率を調べたところ、細い女性のほうがより死亡率が低いという結果がわかり、一方、太りぎみの女性のほうが、ガンの死亡率で二倍、心臓病の発病率で四倍ということがわかっています。フランスでよく自嘲的に言われることに、

「人間は、食べているものそのものである」

という言葉があります。私たちは、食事を毎日の惰性に流されて食べたり、作ったりしていないでしょうか。栄養のバランスを考え、調理法を工夫すれば、もっと健康的で洗練された食事ができるものを、細かく考えずに、見た目や味の贅沢を追求して

いるのは、もはやちょっとレベルの低い感じがします。いまやグルメという代名詞は、決してほめ言葉にならない時代になったのでしょう。

先日、フランスの美容専門誌『ヴォートル・ボーテ』の編集長ナタリー・シャロンと話す機会がありました。ちょうどダイエット特集の企画にかかっている最中でしたので、最新のダイエットについて少し質問してみたところ、次のような答えが返ってきました。

「いままで一食一種目の食べ物だの、プロテインを主にしたダイエットだのといわれてきたけれど、すべて持続できずにまた元の体重に戻るということの繰り返しでした。ですから、これからはバランスよく、すべての栄養素を少量ずつというダイエット、つまり健康的で精神的にもつらくない方向にいくと思います」

また、できれば食後はたっぷりと休憩をとったほうが望ましいのですが、どうしても無理な場合は少量だけ軽く食べ、仕事のあとゆっくりと食べるという自己調整をすればいいのだそうです。

「シンプル」で美しい肉体には、ストレスも大敵といえます。過労は、イライラを常に伴い、精神や肉体に害を及ぼします。自分に対しては不満となって、他人に対しては不機嫌となって現われるのです。イライラすると血液の流れが速くなり、肌が温まって黄色みを帯び、目もどんよりと濁ってきます。フランスの女性たちは特にこの濁った目に気を使い、いつも目をすっきりと見せる〈COLLYRE〉というブルーの目薬を持ち歩いています。

ではイライラを解消するためにはどうしたらよいのでしょうか。まず、むやみに物事を複雑に考えないことです。食事を必要以上にゆっくり食べることがスマートでないように、無駄な考えすぎはエレガントではありません。「シンプル」に生きるためには、しなをつくったり、わざとらしいことはすべてOUTなのです。

つまり、自分を管理すること、自分の時間を上手にコントロールすることが、何よりも大切です。所詮ひとりにつきひとつの肉体しかないわけですから、すべての付き合いごと、すべての誘いに乗っていたら、ストレスが溜まるに決まっています。「ノー」と言えることは、現代の最高の贅沢です。自分の行動は自分で選ぶという簡単なことさえ実行できれば、必ず美しくなるはずです。そして正常な血液が体内を流れ、きれいな肌と輝く目を持つ魅力的な女性になれるはずです。

最後に睡眠が大事な美しさの源であることを忘れてはいけません。朝、早めに起きて、焦らずに自分のリズムで生活していくことは、美しく「シンプル」な生き方の基本です。

笑うときに堂々と白い歯を見せられる、美しさはそんな表情に潜んでいます

以前、ミス・コンテストの審査員をしていたある外国人が、私にこんな話をしてくれたことがあります。

「ミスを選ぶ要素の中には、話し方や微笑《ほほえ》み方や歩き方などいろいろあるけれど、歯の美しさ、白さもとても大切なポイントになるのですよ」

と。そしてさらにこう付け加えました。

「日本の女性の微笑みはチャーミングだけれど、歯並びや歯の白さは、素晴らしい人が少ない」

たしかに、テレビのブラウン管やスクリーンで見かける女優さんや芸能人の歯はとても美しいのですが、街を歩いていたり、カフェで話している女性たちの歯を見ていると〝歯美人〟が少ないというのが、この数年来の私の結論です。これでは、

「笑うとき口に手を当てる日本人独特のしぐさは、美しくない歯を見せたくないからか」

と外国人に言われてもしかたがないかもしれません。

歯の美しさは、歯並び、歯の白さ、虫歯などのトラブルがないことなどさまざまな要素が合わさっています。健康な歯があるからこそ、顔の表情も輝くのです。

それには、親しいかかりつけの歯医者さんを持つことが大切です。もちろん歯医者さんには、ただ虫歯を治すタイプと、歯の美しさを大切にする芸術家タイプがいるはずです。たとえば、歯の隙間を埋めることひとつとっても、ただ単に金や銀の詰め物をすれば、見た目は当然美しくありません。

歯はこれまでなおざりにされてきましたが、微笑むとき歯を見せないのは不自然ですから、やはり白い歯がのぞくというのは女性の魅力のひとつとなることは間違いありません。その点では、これまでもっとも歯の美しさに気を使っていたのは、アメリカの女性でした。

といっても、私が訳した『男を虜にする愛の法則』（講談社刊）の著者で、世界の国王や大統領などのお相手をするコールガール組織を経営していたマダム・クロードは、その「娘たち」に常に歯ブラシをハンドバッグの中に入れて持ち歩かせ、口からはいつも、歯磨き粉の葉緑素の息が漂っているようにさせたのだそうです。

歯の身だしなみのためにも、ここでもう一度理想的な歯磨きをおさらいしてみましょう。

一日最低、朝夕二回の歯磨きは必要ですが、できれば三回が望ましいことです。手でのブラッシングより、電動式歯ブラシのほうがしっかりと磨くことができます。いずれにせよ、理想的な歯ブラシはナイロン素材（豚毛やシルク素材は、水に浸《つ》けると傷《いた》みやすいのです）で、頭の小さい、普通の硬さのもので、歯茎を傷つけたり、出血させないようなブラシが理想的です。重曹はとても良質な歯磨き粉になるので、古くからフランスの家庭で用いられています。磨くだけでなく、大きめのコップに小匙《こさじ》二杯入れて、口をゆすぐことも習慣のひとつです。

現在世界中のある程度恵まれた子供たちは、小学生くらいから歯の矯正に通っています。これはフランスなどでも同様で、特別な階級の家庭でなくても矯正器具をつけて学校に通うのが一般的な光景です。

また、美しい歯を保つためにも、子供のころからフッ素の錠剤を飲ませることが行なわれています。そして、日本には輸入されていないミネラルウォーターの〈バドワ〉には、フッ素が含まれていて子供の歯によいため、フランス国内での人気が高いものになっているそうです。

歯並びのいい、健康的な白い歯があってこそ、女性の美は完成します。アメリカ人に比べ、歯の黄ばみをあまり気にしなかったフランス人も、最近は専《もっぱ》ら「白い歯づくり」に努力しているようです。たとえば、紅茶などのお茶類やコーヒーは、歯を黄色くするので、控えることもあるようです。同時に一週間に一、二度、歯ブラシに海の塩とレモン汁を二滴垂《た》らしてブラッシングすれば、漂白効果は保証付きです。

日本でも最近は、歯を白くする歯磨き粉が出回っていますが、その効果はいまひとつのようです。私がパリに行くと薬局で買って帰るのが〈BLANX〉や〈レンブラント〉(米国製)です。説明書によれば、最近の予防的コスメティック歯磨きで、自然に歯の漂白をする働きをもつものなのだそうです。そのうえ、虫歯の予防や歯のホウロウ質の再生をしてくれる一石二鳥の歯磨き粉なのです。

いま二〇パーセントのフランス人が、自分の歯が白く輝いていないと嘆いているそうです。

これは昔から黒人が先天的に白く美しい歯に恵まれているのに対して、白人の歯は遺伝子的にいっても、黄色やグレーに変色しがちだからです。これらの遺伝子的なものに加えて、抗生物質の摂取（テトラサイクリン沈着症）、フッ素（体内の過度のフッ素のため歯に白い斑点ができる）などの原因が考えられます。歯の変色の三大元凶はたばこ、コーヒー、紅茶なのですが、これらのヤニや茶渋は、表面上の現象だけなので、歯医者さんのところでポリッシャーで磨いてもらうだけで真っ白になるはずです。

一方、自然の歯の変色は年齢とともに静かに進みます。かくして、年をとればとるほど歯はどんよりとしてくるのです。その対策はこまめに歯磨きをしてホウロウ質をいつも清潔にしていること。それから年に二回はクリーニングをしてもらうといったところなのですが、本当に歯を白くするためのいい方法は、別にあります。

その技術とは、歯の表面に漂白ゼリーを塗っていく方法で、まず歯茎をペースト状のもので保護してから塗っていくのです。この技術はすでに青山にある〈デンタル・デザイン・クリニック・インターナショナル〉でも行なわれていて、私も何度か試してみました。完全に真っ白までにはならないものの、かなり白く輝くので気に入ってしまいました。

ところでフランスでは、自宅で漂白する方法も存在しています。まず歯科医が歯型をつくり、溝を掘り、そのなかに少しずつゼリーを注入していく方法で、最初は歯科医のところで行ない、次からは自分でできるそうです。

こうして白くなっても、もちろんその後のメインテナンスは本人次第です。自らの肉体の管理は、たゆまぬ努力と強い意志がいずれにせよ不可欠のようです。

食事のマナーは知っていて、あえてはずすことが粋に見えるのです

「このごろ会ってないわね。今度、ランチしましょうよ」

といった会話を私は東京でも、パリでも同じ気持ちで自然にしています。食べることが友情をつなぐというのは、国籍や人種を問わず、人間本来の姿に似合っているからです。一緒に食べるということでお互いに、同じ仲間、同じ社会の人間としての健在ぶりを確かめられるというものです。

こうしてなんらかの理由をつけては集まり、食べるのが好きな人類ですから、食べ方のページがマナーの本の中でも、多くの章を占めるというのもうなずけます。そして、フランソワ・ヌウリッスィエが雑誌にも書いていたように、

「都会におけるディナーは、私たちがならず者でも、動物でもないことを証明する最後のしきたりのひとつである」

ということです。つまり裏を返せば、今日のさまざまなうるさいマナーの決まりは、ともすればなおざりにされがちですが、少なくともディナーの席だけは、動物ではなく人間らしい証しとして振る舞うべきということになりましょう。

いくらこういう忙《せわ》しない世の中でも、せめてディナーくらいはマナーに従うべきではないでしょうか。すでにランチは仕事の合間にとる軽いスナックになりつつあります。明るい太陽の下では、装いと同様に振舞いも楽に軽快にするほうが似合うからでしょう。

食べ方のマナーは、細かいことを挙げればきりがないほどありますが、最近では形式的なことよりも、その人自身の心のあり方や生活が表われる全体的なマナーに重点が移りつつあります。

それは昔のブルジョワたちが好んだオーガンディのテーブルクロスだの、シルバーの燭台だのが時代遅れになり、シンプルなテーブルセッティングが好まれるようになったのと同じ流れでしょう。

こうした風潮だからこそ、きちんとしたナイフとフォークが置かれ、ナプキンもきちんとたたまれているといったベーシック・マナーが、他人と差をつけるとても大切な要素になってくるわけです。それには昔からのマナーを一から十まで鵜呑みにすることは、もう必要ではありません。むしろそのなかからポイントになるエキスを自分なりに消化してこそ、その人の育ちが感じられるというものです。できればそれをあからさまに見せるのではなく、なんとなく感じさせることができればパーフェクトです。

食べるときはマナーというより、まず頭に置いておくことは、食欲を剝《む》き出しにしてモノを口に運んではいけないということです。

たとえばビュッフェ・スタイルのディナーなどで、大きなお皿の前でどれをとろうかと一瞬でも迷って、キョロキョロしてはいけません。たとえ一瞬といえども、周りから見れば食べ物だけに興味を示す人というふうに映ってしまうからです。おそらくその瞬間の彼女の表情は動物的で魅力に乏しいはず。そして、周りの人の視線など全く意識していないはずです。

そうです。食卓でのマナーは「動物に近づいてはいけない」ということが基本です。動物は自分の鼻を露骨にグラスの中に突っ込んだり、匂いを嗅《か》いだり、鼻を鳴らして自らの口をお皿に近づけてがつがつ食べます。

食欲も物欲と同じように、エスカレートすると醜さしか残りません。世界中で洋の東西を問わず嫌われるのは、「がつがつした人」「見栄っぱり」です。息つくひまもなく食べたり、大口を開けたままモノを噛んだり、飲みながら舌打ちしたり、骨をしゃぶる人は論外です。

こうしたベーシックなことさえ守っていれば、あとは細かいマナーは少々破るくらいのほうがチャーミングです。パリのエレガントな私の友人たちは、時として意識的にマナー破りをしています。彼らにとってマナーは小さいころから頭に植えつけられたこと。だからこそ、そのとおりに実行するのは野暮ということで抵抗を感じるようです。

「マナーは破るためにあるもの。ただし、それは最低限のエレガントさを持ったうえで」

と彼らは言います。

ただし、マナーを意識的に破ることと、ルーズなだらしなさをさらけ出してしまうこととを混同してはいけません。たとえば話に夢中になってツバを飛ばしたり、口の中に食べ物をほおばったまま笑いながら話したり、親しくもない人に料理の一部を分けてあげたりするのは、エレガンスとはほど遠いものです。

が、こうした最低条件の不快な振舞いさえ自重すれば、はずすことでかえって粋《いき》になるしぐさもあるのです。高級レストランでのディナーはさておき、パンでお皿のソースを拭ったり、目玉焼きの黄身をフォークで突ついてパンにつけて食べたりするのは、手慣れた動作で見せられると心憎いほど粋に映ります。

もし、堅苦しいディナーに招かれて食べ方に迷ったら、とりあえず女主人の真似をすること。便利なことに、招待客たちは女主人が食べ始めてから手をつけるという約束事があります。いったん食事が始まったら、少なくとも両隣りの人とは会話を交わすというのが第一の礼儀です。食事中に周りの人の話についていけないというのは、マナーに欠けることとです。

私も昔、堅苦しいディナーが苦手でした。年上の方々の会話にどう対応すべきか意識しすぎたからです。

もし、そうした場合にどう対処すべきかわからなかったら、まず大切なことは微笑んで、会話の聞き手に回ることです。そうすることで、立派に会話の仲間に入れるからです。最初から場慣れしている女性なんてどこにもいないはずです。何はともあれ、卑屈にならないで「堂々と」振る舞うことが大切なのです。

それから料理についてひとこと感想を述べることも忘れないでください。そしてレストランで料理を残してしまったら、ガルソンに、

「おいしかったけどもう食べきれないのでごめんなさい」

とひとこと。以前に南仏のレストランで何も言わないで残してしまったら、ガルソンに、

「お口に合いませんでしたか」

と言われてしまいました。フランスでは、このひとことが大切なマナーなのです。

会食の際の退出時間は、早すぎず、遅すぎずが第一です。もっとも退出の合図は年長者か地位の高い人にお任せするのが一般的ですが。

エレガントな女性になるには、堅すぎず、ルーズすぎず、何事においても「頃合い」「加減」を心得ることが大切です。

美しく自分を表現したいと思ったら、決して目立とうとしないことです

ますますシンプルになっていく昨今のファッションでは、服の着こなしで大切なのが、エレガントな身のこなしといえます。私の知るかぎりでも、身のこなし方や正しい姿勢を身体で覚えるための体操やダンスの学校が、東京、パリ、ニューヨークなどで、いくつかお目見えしつつあります。

アメリカには、かなり古くから「スクール・オブ・ビューティ」が存在し、若いアメリカ娘たちが十週間かけて、歩き方、お辞儀のしかた、あるいはお姫様のようなゆったりとした物腰を身につける学校があり、今でも座り方や手の差し伸べ方に至るまで細かい指導が行なわれています。

近年はよくエレガンスの年といわれます。それは同時に、エレガンスとは表面的なファッションではなく、精神的なものが、生き方や振舞いに表われたことなのだとい

う見直しの時機といえるでしょう。

シンディ・クロフォードが来日した際に、彼女を囲むディナーで、つい目がいってしまったのは、やはりその身のこなしでした。軽やかに、まるで宙を歩くようなしぐさは、シンプルなリトル・ブラックドレスがいっそう強調していたからでしょうが、エレガンスはたしかに柔らかな動きのなかにあると改めて納得したものでした。

パリでもニューヨークでも、ダンスやバレエ、ストレッチ体操を用いてバランスを養う方法がとられています。手段が何であれ、これらは女性本来の器官を正常な位置に収めることで姿勢を正しくしていくのが目的です。そして、ひとたび良い姿勢を取り戻せば、動きの醜さや下品さが目立たなくなり、美しさや優雅さが前面に押し出されてきます。そうすればしめたものです。

おまけに良い姿勢は、肉体のラインを美しく改善さえしてくれます。たとえば腹筋を強化することで、おなかに自然のガードルができるし、また胸を張ることできれいなバストラインが期待できます。

エレガンスに怠惰は禁物です。猫背になったり腰が曲がる前に、若いころから自分の欠点を知り、元の正しい姿勢に戻せば、一生美しくいられるのです。怠惰ゆえに年齢とともに目立ってくる欠点をひと足早くいまのうちに見抜くことです。しかし何歳になっても遅すぎることはありません。意志さえあれば、いつでも矯正することはできるのです。ただし、ひとりのときもきちんとできるという条件付きでのことですが。

どんなときでも、付焼き刃ではなく自然と良い姿勢を保つためには、ふだんから身につける練習が必要です。ビュッフェ式のパーティで自然に振る舞いながらしかも光っている人を見たことはありませんか。そうした人たちは、自分の身体の正しい動かし方を身につけているのでしょう。そしてもっと大切なことは、そうした女性たちはおそらく、注目されたり、見栄を張ることが好きでない控えめな女性であるはずです。

有名なデザイナーの言葉に、

「一度見せびらかしたいという思いがこちらに伝わってくると、彼女は途端《とたん》にエレガントではなくなる」

というのがありますが、私もこの考えに全く同感です。

すべてが見え透いた、これ見よがしのしぐさは、エレガンスとは対極にあるものです。一般にせかせかと急いだ動作より、ゆったりめが美しく見えますが、かといって、わざとらしいほどゆっくり食べるというのもいまの時代のエレガンスとはかけ離れたものではないでしょうか。このへんの加減というものは、やはり一朝一夕《いっちょういっせき》ではなかなか身につけにくいものなのでしょう。

また、正しい歩き方と同様、あるいはそれ以上に大切なのが座り方だとされています。もちろんこの場合は椅子でのことですが、ここにもエレガンスと健康の問題が絡んできます。

ヨーロッパでは育ちの良い人は、あらゆる椅子の座り方を心得ているといわれるほどです。小さいころから家で徹底的にしつけられるからなのでしょう。そうした人たちの座ったときの姿勢には、ほどよい緊張感が伴います。もたれかかったり、どっかりと腰を下ろすこととは無縁だからです。

その方法は、深く座り、上体は垂直にして、もし背もたれがついていたら肩甲骨《けんこうこつ》が触れるくらいにします。おそらく、立っているときと変わらないくらいの緊張感が初めは必要かもしれません。が実はこうした座り方のほうが、健康のためには良いのです。というのは、椅子の先に浅く腰掛けてみるとおわかりのように、上体はどちらかに傾き、それに伴い背骨も歪《ゆが》み身体の器官に影響するからです。座り方ひとつで健康が左右されるのですから恐ろしいことです。

もうひとつ座り方についてですが、よく脚は組まないでまっすぐ下ろすほうがエレガントといわれています。

男女ともに脚を組むのは醜いからとありましたが、私は脚を組むほうが好きなので、いつもこのマナーは守らないことにしています。

つまりディテールの内容をあれこれいうより、すべての動作に共通していることを端的にいえば、いつも忙《せわ》しなくがさつな女性はエレガントではないということです。

先日、来日していたフランス人の会社社長が、日本で乗ったハイヤーでのエピソードを話してくれました。

車がたまたま急発進したとき、同乗の日本人が浅く座っていたため、前の座席に激しく頭をぶつけたということでしたが、これも座り方ひとつで直せるマナーでの失敗だと私は解釈しています。いつもあわてている人にかぎって、服をそこらじゅうに引っかけたり、鉤裂《かぎざ》きにしています。

着ている服がいくら高級でも、歩き方や身のこなしがせっかちでぎこちない女性は、かえってその自慢の服が災いすることだってあるでしょう。ぜひ美しいしぐさで、素晴らしい人生を手に入れてほしいと思います。

自分の人生を選択する
三つのバランスがとれたヨーロッパ流キャリア

いまフランスでは、一千万人の女性が仕事に就き、その八〇パーセントが「女性は仕事なくして、人生を成功させられない」と考えています。もはや働くことは当たり前であり、最近では既婚女性の七〇パーセントが手に職をもつまでになりました。でも同時に、ある雑誌の記者によれば、世界でもっとも家事にすぐれているのがフランスの主婦。実際、今日のフランスの若い女性たちから支持を受けているのは、仕事と私生活においてバランスのとれた女性です。

たとえば、あのイネス・ドゥ・フレッサンジュ。貴族の家系に生まれ、〈シャネル〉のモデルを経《へ》て、結婚そして出産と、女性の幸福を手中に収め、さらに、自分の店で自分のブランド製品を世に発表。そんな彼女に対して、一般女性が持つイメージは、決してキャリアウーマンを表に出さない、あくまでも家庭を大切にするひとりの女性です。

また、私が翻訳して出版された本『ロスチャイルド家の上流マナーブック』（光文社刊）の著者、ナディーヌ・ロスチャイルド男爵夫人。

貧しい家庭に育った彼女は、世界のロスチャイルド家に嫁ぎ、さまざまな困難に直面しました。それを乗り越えて彼女が痛切に感じたのは、プロフェッショナルな家庭の主婦の価値でした。実際、無報酬だけに、ないがしろにされがちな家事こそ、どんな外での仕事にも負けないくらい大変なものです。

最近、もうひとつのエピソードを耳にしました。それは、仕事をがむしゃらにせず、結果的には収入の減る仕事を選んだという、ある女性ニュースキャスターの話です。彼女は稼ぎの良い民放を離れ、自分のライフスタイルや考え方に共鳴する国営の番組に移ったといいます。この自分の人生や家庭、子供たちのことを考えて、潔《いさぎよ》く仕事を選んだ彼女の姿勢も多くの女性の共感を得たといいます。

ここに、彼女たちに代表されるライフスタイル像を描いた一冊の本があります。一九九四年にはフランスの『エル』誌で読者賞を勝ち得たというほど、若い女性たちはその内容に共感しました。そして、私も大変共感したため、一九九九年に翻訳出版したのです。

タイトルは、『*La Féminité — de la liberté au bonheur*』(『美しい女《ひと》になる』光文社刊)。数々のファッション雑誌での編集者歴を持つペルラ・セルヴァン＝シュレイベル女史が筆を執ったこの本は、一九六〇年代のウーマンリブ運動以降から、現代に至るまで、めざましく変化した女性たちの生きざまを、彼女たちの証言をもとに書きつづったものです。

そのなかでとても興味深かったのは、フランスの学問の最高峰、グランゼコールの女性の卒業生たちの卒業後の進路が、昔とは変わってきているということでした。日本なら東大の大学院に匹敵するほどのこのエリート校を、優秀な成績で卒業した二十五人の女性――著者は彼女たちのその後を二十五歳から五十歳までのいろいろな年齢にわたって調査、取材しました。そのなかの二十三人は、いまでも仕事に就いているのですが(残る二人は、就職後十年以内に専業主婦に)、うち十八人は半歩控えたキャリアにとどまりながら、同時に私生活では良きパートナーを得て、快適な家庭を築いていたのです。政治家や外交官になるべき学歴をもっていつつも、男性と同様にキャリア人生を優先させているのは、わずか五人だけでした。

グランゼコールが、すぐれた女性たちに教えたこと——それは、人生の多くの可能性のなかから〝賢明に選ぶこと〟〝うまくバランスをとること〟、そして前向きに〝男と女という全く異なる存在の差を自覚して生きよ〟ということだったのです。著者が語るには、ニューヨークのキャリア女性たちが権利をあれほどまでに訴えるのは、ラテンの国のように、女性らしさがひとつのステイタスとして認められていないからであり、そのために、男と女の関係が全く倒錯し、男女の役割が嘆かわしいまでに混同されているからといいます。そんな状況のなかでは、ヒラリー・クリントン夫人がいかに強い女性像をかざしても、あるいはジェーン・フォンダが「ワークアウト」で女性の衰えぬ健康美を強調しても、実際は多くの男性がしかめつらをして傍観しているのが現状のようです。

今日、日本のマスコミに取り沙汰されている「女性とキャリア」というテーマ。そこには収入の高さ、地位の高さがその女性の価値をアップさせるという錯覚があるように思えます。学歴を積んでキャリア街道へとまっしぐら——それでは、有史以来持ち合わせているはずの、女性の持つ、本来の良さがそがれてしまうのでは。そして、女性としての幸福から遠ざかってしまうのでは。私自身、常々そんな疑問のなかで過ごしてきました。

前述の本のなかでは、女性本来の姿＝女らしい魅力を備えてこそ、幸福が訪れると書かれています。それは「母であり、マドンナ（つつましく優しい聖女）であり、魅惑的な女である」という三つに集約され、男性から、周囲から好かれる姿なのです。

ウーマンリブの思想にとらわれた女性たちは、自由を得るために、男性と平等になるために、狂ったように仕事に従事しました。でも結果として、仕事に時間を費やすあまり、自分に費やす時間が減ってしまったようです。家ではいつも疲れ果て、その挙げ句に離婚。単に男性をお手本に、力、お金、キャリアに固執《こしゅう》するだけでは、女性は幸福になれないことを、身をもって体験したのが彼女たちでした。

前述の本に登場する二十代のフランスの女性たちは、母親の姿を通して、そうした現実を目《ま》の当たりにしてきました。だから、彼女たちが目指すものは、「キャリアを成功させることではなく、女性としての人生全体を成功させること」だと言います。もちろん仕事は幸福になるための一要素であり、自分の人生を選択し、形成するうえで必要なことです。

でもそれだけではなく、私生活では、素のままの女としての魅力を匂わせ、良きパートナーにめぐり会うことが欠かせません。さらに、結婚して家庭の楽しみ、家事の価値を積極的に見いだす——この三つのバランスこそ、本当に幸福な女性の条件なのです。この三つをバランスよくこなしてゆくのはほぼ不可能という気がしないでもありませんが、私たち日本の女性も、まさにこのスタイルのキャリアを、お手本にしていくべきなのではないでしょうか。

II　エレガンスを身につける

香水の本当の魅力は、隠していてもふと漂ってくる秘密のようなものです

カリブ海の島に行ったときのことでした。頭上から熱を叩きつけるような太陽の下、木陰もない砂利と土の坂道を歩いていたら、こんなところにと思うようなちょっとしゃれたお店がありました。

手描きの絵のしゃれたロングのTシャツや刺繍したクッションなどが、なにげなく無造作に置かれていた小さなお店、もう名前すら思い出せないそのお店が鮮やかに記憶に甦《よみがえ》ることがあります。

そこに立ち込めていた花か植物香料の匂い、それがおぼろげな記憶をくっきりと浮かび上がらせてくれるのだと気づきました。たしかあのハイチ島は、ヴァニラやジャスミンなどの香水の原料を抽出していたところ、燃えるような太陽の色と熱気、そしてあの匂いは実にお似合いの組み合わせでした。心の底から温かく迎えてくれる南国

の情の深い女性たちも、同じ匂いがしました。

今日、次々と新しい香水が登場してきてその名前を覚えるだけでもひと苦労。さらにまたそれをTPOによってできるだけ細かく使い分けるなど、女性たちにインプットされていく情報は洪水さながらです。

現代の、特に都会の女性たちは、あまりにも多くの香りに囲まれていて嗅覚がマヒしてきているのではと、ときどき残念に思うことがあります。香水の用い方は、本来、一緒にエレベーターに乗ると息が詰まりそうになるほど、あるいはレストランで料理の香りや味までも消してしまうほど、強く香らせてはならないものだと思うのです。パリの三ツ星レストラン〈タイユヴァン〉のオーナーであるヴリナ氏も「レストランで食事するときの女性の濃厚な香りはマナー違反です」と言っておりました。

また、新しい香水が発売されるたびに買って、いくつもの香りが服にしみついてしまうのも洗練されているとはいえません（私もときどきしてしまいますが）。香水の本当の魅力は、隠していてもふと漂ってくるその人の秘密の一部であってこそ官能的なものではないでしょうか。

ヨーロッパでも、現代の女性は、控えめにさりげなく香ることを基準に香水を選ぶということが少なくなったといわれます。これは、一八八二年に合成の香料を使用した香水が突然出現し、人々がスミレの清楚で自然な香りを忘れてしまったときのような現象です。

それ以来、濃厚な香りが次々に発表されて、特に一九〇〇年から三五年にかけて人工の香りが大流行するまでになったのです。そしてこの時期、有名ブティックが自然の香りとはかけ離れた新しい調合の香水を競って発表し始めます。一九一〇年に『フェミナ』誌は、「香水の浮気は、自分自身のみならず、周囲の人々へも不実を働くことになる」と警告しているほどです。

このとき、人工的な香りに断固として反対したのは、コレットでした。彼女はこう書いています。

「私はあなたにある種の毅然とした態度、つまり、あなたの精神および肉体上の人格に深く結びつくような、慎重に選んだ香りへの誠実な態度と執着を願ってやみません」(『*Colette et la mode*』)

香水といえばフランスを思い浮かべ、フランス人といえば誰もが香水を大量にふりまいていると考えるのは単純な発想にすぎません。香りはフランス人の日常生活に入り込み、人格の一部にまでなってはいても、その使い方や量には節度があります。彼らは、香りによってその人の人となりが伝わるものだということをよく知っています。

あからさまに香水をぷんぷん匂わせている女性を嫌いなのは、おそらくどこの国の男性にも共通したことでしょう（多少の嗅覚の差はあるにせよ）。しかし、またゆかた姿に石鹸の香りはふさわしくても、ドレスや毛皮には、石鹸の香りは逆に無粋《ぶすい》になることも当然といえるでしょう。ナディーヌ・ロスチャイルド男爵夫人が来日した際に、香水について伺ったとき、こんな答えが返ってきました。

「私の主人は、香水をいかにもつけましたというのを嫌うので、下着やストッキングをしまう引出しの中に、私の香りを忍ばせておきます」

香水はその場にいる人全員にアピールするためでなく、同じ感性を持った人に、

「あの人は何の香水をつけているのかな」

と思わせるだけで十分なのです。極言すれば、身近にいるいちばん大切な人に、あなたのことを思い起こさせる香りのメッセージとなってくれたらもうそれで十分でしょう。昔から、香りは恋愛のかけひきに使われてきたのですから。

ひとつの香りに忠実であることが好ましいと、先日もあるフランス人のマダムが話

していましたが、このひとつの香りへの貞節観念は、アメリカではさほど強くないようです。実際、香りの文化はその国によって異なります。

リュス・ウィンターが語るところによると、イギリスでは古いピューリタン思想の影響から、くらくらするような強烈な香りは上品でなく、穏やかで控えめな香りが好ましいとされることから、入浴剤やタルカムパウダーが普及したとのことですし、一方、フランス人はタルカムパウダーを嫌い、その代わりにオーデコロンの大きなボトルを常にバスルームに置くのです。

ドイツでは、品質の良い香りは趣味の良さを物語るのみならず、ステイタス・シンボルでもあり、アメリカ人にとっては、香りはその場その場で受け入れられるための道具なのでよく香りを取り替え、また、嗅覚を揺さぶるような香りを好むとのことです。

日本人はといえば、その昔は、お香の文化が栄えたほどの洗練された感性に恵まれていました。しかし、香水が西洋から入ってくるまでは、香りはじかに肌につけるものでなく、着物の袖やバッグに、香りをしみこませた布をしのばせるなど、間接的に楽しむものでした。ですから、西洋の文化として入ってきた香水に関しては、まだまだ使い方を見いだせないままのようです。これから香水とどのように付き合ってゆくかということが残された課題ですが、最近フランスでも見直されてきたオーデコロンが日本人に向いていると私は思います。なぜならオーデコロンは香りも軽く、比較的体臭が薄いといわれる日本人の嗜好《しこう》に合っていると思うからです。少なくとも、奥深い香水の世界への入門編となるのがオーデコロンといえるでしょう。

第二次大戦中、ロンドン空襲の下でイギリス人たちは隠れ家にオーデコロンを吹きかけていたといわれます。悪臭を消す目的と、もうひとつ、オーデコロンに不安感をやわらげる効果があるからです。たとえば、オフィスに松やレモンのエッセンスをスプレーすると、仕事の能率が一〇パーセントもアップするといいますし、病室にラベンダーの香りを漂わせるとノイローゼの患者に効能があるとされています。このようにオーデコロンは、こめかみや腕、首、関節、背中に擦り込んで疲労や緊張をほぐしたり、また、吸入によって頭痛を治すという効果も期待されています。オーデコロンは、一般の香水のラインには含まれない、独立した香りの製品ですが、幼いころから親しむには最適といえるでしょう。

また、エッセンシャルオイルをブレンドして用いるアロマテラピーを日常生活にいかに取り入れるかで、人生の奥行きがかなり深くなることは確かでしょう。

香水のラインにはエッセンスの濃度によっていくつかの製品がありますが、日常的に気軽に楽しめるのはいちばん薄いオードトワレでしょう。これは香りの発散も早く、オーデコロンと同じように使ってほとんど問題ありません。ただし本当の香水は、予想以上に強く持続して香るものですからつけ方は慎重に。私個人は、直接身体につけるよりは、下着やスカートの折り返しにつけるのが正統だと思います。

最後に、コレットのアドバイスを引用しておきましょう。


「あまりにも多くの香りにとらわれすぎて、蜜蜂のように新しい香りを追い求める女性たちへ。

もう少し自分自身をしっかり見つめたらどうでしょう。貴重な雫《しずく》があなたの耳たぶや、胸の谷間に触れたとき、どんな香りをふりまくかを知るのです。そして、あなたがすべてを許せる——自分の香水を変えること以外は——最愛の人の顔つきや鼻の反応を、観察しなさい。たとえそれが好ましいものではなくとも、なるべく自分を偽《いつわ》らないように。そしてこの良い香りを見つけるという作業を軽く考えてはなりません。

あなたの変化する生きている身体、熱い、無遠慮でおしゃべりな肉体とその香りとがやがてうまく溶け合ったなら、それによって少なくとも幸福な時間が二人に約束されるのですから……」

服と同じくらい楽しんで下着を選べたら、人生がもっと豊かになります

二年ほど前のことですが、フランスから送られてきた雑誌の記事を夢中で読んだことがありました。フランスの男性に「ガーターベルトとストッキングの女性が良いか、それともパンティストッキングのほうが良いか」というアンケート調査を実施したものでしたが、結果は圧倒的にガーターベルト支持者が多数でした。理由は「ガーターベルトのほうがずっとセクシーだから」ということでした。

答えのなかには、「パンティストッキングなんて、あんな実用一点張りのものは大嫌い」という意見もありました。パンティストッキングが全盛となってからでも、フランスでは、結婚式のときに花嫁は必ず白いストッキングとともにガーターベルトをつける習慣はいまも続き、花嫁衣装に不可欠のものとされています。

この記事を読んで以来、下着に対する私の意識のなかにいつもガーターベルトの存

在が離れがたくなっています。そこで、ガーターベルトを中心にフランスの下着の歴史を振り返ってみることにしました。

まず一九六六年ごろに、それまでのドレスやスカートに代わってパンタロンが登場してきました。アメリカでウーマンリブの女性たちが、活動を始めた年でもありました。欧米の女性の感性に異変が起こったのです。ユニセックスを気取るジーンズにTシャツ姿の女性にとって、下着はすぐに洗える化学繊維のシンプルなものでありさえすればよくなったのです。

次いで、世界中に旋風を巻き起こしたミニスカートの影響下に発展したパンティストッキング時代に入って、ガーターベルトは辛《かろ》うじて生き残りはしたものの、ファッション誌にももはや取り上げられない存在になってしまったのです。ちなみにこの当時の簡易下着は、Femme objet《ファム・オブジェ》（オブジェとしての女性）を嫌うフェミニズム理論によって、おおいに支持されたものでした。

それでも、女性の下着文化を忠実に維持しようとした〈クリスチャン・ディオール〉は、もちろんガーターベルトを葬ることはしませんでしたし、アメリカのメーカーがヨーロッパの女性向けに、フェミニンな下着のカタログ販売を水面下で行なっていた事実も記録に残されています。

そして七六年、フランスで〈サビア・ローザ〉が恐る恐るながらも少々の期待を持って、高級ランジェリーの専門店をオープンしたのです。やがて彼女の下着は、八一年からはデパートで売られるまでに人気を博していきました。

ほぼ時を同じくして、七七年にはガーターベルトの再来を見ます。のちに公表されたアンケートによると、このときのガーターベルト支持者は、ノスタルジィに浸る年配者のみならず、大半は三十代の男性や若い女性たちであったといいます。

このころから、モードはパンタロンから再びスカートの時代に移行してゆきます。そして八五年、〈トロワ・スュイス〉のような大衆的通信販売の会社が、初の下着専門カタログを世に出したのです。それも、シルクやコットン、レースをふんだんに使った下着ばかりを。下着について書かれた当時の洋書によると、このころアメリカでは、女性たちが友人の家に集まってセクシーな下着を着て楽しむ午後のティーの集まりが流行、などと書かれています。映画『恋におちて』(一九八四年)の中で、メリル・ストリープが夫から下着をプレゼントされるシーンがあるのも、この当時のお話です。

一九八五年といえば、フランスでも過激なファッションに人々が飽き飽きしてきたころで、『BCBG』(『フランス上流階級BCBG《ベーセー・ベージェー》』筆者訳・一九九〇年光文社刊)が出版された年です。そしてその基調にあるクラシックなものを評価したり、伝統に対して憧れる風潮が続き、九〇年代に入るやいなやFemme-femme《ファム・ファム》(女のなかの女)こそが理想の女性像といわれるようになったのです。そして、この二〇〇〇年を迎え、フェミニンなモードがますます復活しています。

現代は多様化ファッションの時代といわれています。ミニパンツやショートパンツ、カルソンにスリット入りのスカート、シャネル丈スカートなど、すべてが同列に並んでいます。ヘアスタイルもロングありショートありで、毎年夏になれば「カットしましょう」、冬になったら「ロマンティックなロングに」と女性誌の記事も変節きわまりない状況です。

こうした何もかもが当然のように許される時代は、歴史上初めてといわれています。だからこそよけいに、人々は時代を超えてなお存続し、伝統を重んじるBCBGの確固とした精神に固執するのかもしれません。それは不安な現代の状況のなかで、バイブルのような役割を果たしているともいえるでしょう。たとえ昼間は忘れていても、

夜寝る前にはひもとかずにはいられないような。

話を再びガーターベルトに戻しましょう。カルロ・カステラネータは、『エチケット』の中で次のように書いています。

「ガーターベルトは、それがただ単にストッキングを吊るだけのために使われていた時代ほどいまは普及していないが、今日、女性はエロティックな意図でそれを買うのである」

たしかに、恋人と会う夜だけにしかガーターベルトをつけない女性も多くいます。

このように今日では、下着も服と同じようにさまざまに使い分けるのが楽しいのではないでしょうか。下着も、昔のつけ方と現代のつけ方を、昼と夜の別を、さらには下着と服をミスマッチでつけるのも楽しいと思います。たとえば、昼間のフレッシュなスーツの下に、白のカットワークのついたブラジャーにショーツ、そしてできることならお揃いのスリップを。また、シースルーのブラウスの下には必ずしも同色の下着でなくても。あるいは、白のブラジャーに、黒のショーツという組み合わせもよいでしょう……上品に着こなせるなら、何でも許されるのですから。遊びのある時間にあっては、服と同じくらい楽しんで下着をつけられたらもっと人生が豊かになるのではないでしょうか。

ところで、スリップは着ることで服の汚れや刺激が肌に伝わるのを防ぎ、また服に汗がしみるのも防ぐもの、肌と服の間にあって肌を保護してくれるものです。

もちろん、スーツのジャケットの胸元から美しいレースをちらっと見せる効果などはもっと活用してもいいのでは。少しの節度と、少しの良いセンス、そして少しのマナーを持つならば……。

ココ・シャネルの「ビジュー・ファンテジー」のプライドに満ちた条件

今日のフランス、あるいはヨーロッパの女性たちの間では、本物の宝石のみをつけるのが正統だという考え方と、スタイルのバランスがとれていれば本物とトック（ニセ物）をミックスしてつけてもよいとするふたつの考え方が共存しています。日本の女性がどちらを選ぼうと、美的に問題がなければそれでよいというのが私の考えです。

時代や国を問わず、宝石は常に女性の夢をかなえてくれる存在であることは確かです。かつてフランス革命の際、マリー・アントワネットが断頭台に立ったとき、最後まで彼女の指にはひとつの指輪が輝いていたというエピソードもこうした女心を物語っています。

ところで、宝石はただの装飾品でなく、以前は魔力を持つ神秘的な存在でもありました。たとえば、オルレアン公爵が購入した一四〇カラットのダイヤモンド「リージエント」が、それを受け継いだ代々のフランス国王に災いをもたらした呪いの宝石であったように、不幸を招く場合もあれば、ツタンカーメンの墓を発掘したハワード・カーターの身をエジプトの指輪が守ったように、護符の働きをする場合もありました。また、古代ローマのジュリアス・シーザーは、エメラルドを収集して若さと健康を祈ったと伝えられています。

ところが、幸いにも（あるいは悲しいことに）、その後、こうした宝石の魔力は忘れ去られてしまい、単に女心に火をつける愛の小道具と化してしまったのでした。

女性が宝石を身につけるようになった十九世紀のころ、宝石は控えめなものが上品とされていました。ベル・エポックの貴婦人たちはお化粧も一般に薄く、日常の場面では宝石を控えめにつけるのみにとどめ、むしろ自然な魅力をアピールすることに専念していたのです。アンティーク・ジュエリーに見られる十九世紀のダイヤモンドが、今日のブリリアント・カットに比べ輝きに乏しい昔のローズ・カットのものが多く、大粒のものも稀《まれ》なのは、こうした風潮を反映しているのでしょう。

映画『インドシナ』のなかでカトリーヌ・ドヌーブが身につけていた黒い玉（ジェット）のネックレスや、アメジストなどの地味な石が好まれたことや、宝石の細工が繊細で控えめなのも特徴です。光に当たることさえ俗っぽいとされた当時を象徴する宝石は、薄暗い光のなかでひそかに輝くものだったのです。

しかし、あくまでも基本は本物志向であり、通常は上質の石をゴールドかシルバーの台にセットしたものが選ばれていました。

こうした本物の控えめなジュエリーに真っ向から挑戦し、その既成概念を突き崩したのがココ（ガブリエル）・シャネルでした。彼女は、本物の宝石と安物のまがい物を見事にミックスさせて華麗なるジュエリーを作り上げることに成功しました。きらきら輝くネックレスやブレスレットは、彼女のデザインするカチッとしたシックなシャネル・スーツに必要不可欠な革命的アクセサリーでした。

いつの時代にもジュエリーのデザインは、服との関わりを抜きにしては語れません。それは今日も変わらないことです。クラシックな服に敢《あ》えてコントラストの強い派手なアクセサリーを組み合わせるというその試みは、前代未聞のこととして注目を浴び、シャネルを成功へと導いたといえそうです。

ココ・シャネルの創《つく》り出した「ビジュー・ファンテジー」の素材は、どう見てもノーブルとはいえない練りガラス、木、草、ベークライト、鋼鉄などでした。しかし、それを身につけることは恥ずかしいことではなく、逆にファッショナブルなものだとして女性たちの心を魅了したのは、彼女の卓越した才能以外の何ものでもありません。ただし、この「ビジュー・ファンテジー」にはひとつのプライドに満ちた条件が備わっていなくてはなりませんでした。それは、控えめな本物のジュエリーを真似ただけの姑息《こそく》な魂胆を剝き出しにするものであってはならないということです。むしろ実際に堂々と本物でないことを認めつつ着こなし、華やかに装わなくては意味がないということです。

今日のフランス人のおしゃれ哲学のなかにこうした「トック」精神が垣間見られます。サン・トノレ通りや、あるいはリヴォリ通りで擦れ違うおしゃれな女性たちが、わざとニセ物とわかるロゴマーク入りのバッグを小脇に抱えていたり、大ぶりなパールのアクセサリーを堂々とつけて楽しんでいたりする姿を特に夏になると目にします。本物に見せかけるためにニセ物で装うのではなく、ニセ物はニセ物として茶目っ気をもって堂々と楽しむという、はっきりした信念が彼女たちにはあります。反対にニセ物を本物ぶってつけることは、悪趣味なのです。

有名なフランスの作家が次のように書いています。

「真のエレガント・マナーとは、しかめつらをして既存のルールに従うことでなく、これまでルールに反するといわれていたようなことをウィンクしながら実行し、認めさせることにある。ただし、エレガンスをもって」

その点、それまでまがい物とされていた素材で作ったジュエリーを芸術品の域に高めたココ・シャネルは、こうしたエレガント・マナーの実践的なお手本というべきなのでしょう。

フランスでは昔から、パールに関しては模造品でも下品でないとされています。ただし、模造パールはいつも大ぶりのものを選ぶことが肝要といわれてきました。その理由がまたふるっています。落ちたときの音が問題だというのです。床に落ちたとき、大きめのパールですと、重たげな音をたてるので、それがシックだという理屈なのです。

ジュエリーはまた、「音楽」でもあるのです。落ちるときの音まで計算に入れてジュエリーを身につけるというのも上級のエレガンスなのです。幾重にも重ねたブレスレットが互いにぶつかり合う音や、ネックレスが互いにもつれ合ってじゃらじゃらという音をたてるのも、魅力ある女性の武器だといった発想からです。

今日では、ファッション・デザイナーの大御所たちが競って大きめのコスチューム・ジュエリーなるものを作り、パーティに好んでつけられるようになりましたが、これらのジュエリーの製作を喜んで引き受けたのは、マレ地区や、サン・ジェルマンデプレ界隈《かいわい》で昔から仕事を営む手工芸の職人たちでした。彼らは年季の入った芸術家肌の人々が多く、こうした作業にはぴったりの人材でした。

私はそうした芸術家のひとりで、ガラスのアクセサリーを作る女性と知り合いになりました。彼女のアトリエはパリのシルク・ディベール（冬のサーカス）劇場の隣りにあり、注文をとってはアクセサリーやオブジェを作っています。パリにはこのようなアーティストがたくさん存在します。

さて、それに負けじと対抗したのは〈ブシュロン〉〈ヴァン・クリーフ&アーペル〉〈メレリオ〉〈ショーメ〉〈カルティエ〉〈モーブッサン〉といった老舗《しにせ》の宝石店で、小粒のパールや貴石を用いた、このうえなく繊細なレース細工のジュエリーをもって、これに挑みました。

さらに、プライドの高い彼らは、アンティーク・ジュエリーのデザインを現代風にアレンジした製品を快活に次々と発表する、ギリシャ人のジュエラーやイタリア人のジュエラーの襲来にも応戦しなくてはならなかったようです。そのなかで成功を収めたのが〈ブルガリ〉や〈ジャン・ディン・ヴァン〉でした。

本物ジュエリーのみを愛する女性は、たとえばロスチャイルド男爵夫人のように数多く存在します。特に価値の高い本物の宝石などは、しわの目立ってきた年配のご婦人がたによくマッチするものですが、彼女たちにとってその本物の宝石は、同時に投資でもあるのです。こうした価値の高い宝石は、遺産相続や盗難の危険といった問題を常に抱えているので、残念ながら、その大半は金庫に保管されたままになっています。それもまた、宝石とのひとつの付き合い方かもしれません。

かつて富の象徴として愛され、また不思議な魔力を持つものと信じられてきた宝石も、現代女性にとっては、夢を与え気持ちを高揚させてくれるものとして、また何よりも女性を美しく見せるものとして、欠かすことができない小道具になっています。時を経《へ》ても宝石への信仰は不滅に生き永らえているのです。

指によって意味が変わる約束事、指輪は数少なくても本物だけをするのです

上智大の学生だったころ、私は、ときどきアルバイトで通訳をしては、フランスの有名人に会い、そして胸をときめかせていました。そのたびに、彼女たちの身につけているアクセサリーをチェックするのも、楽しみのひとつでした。

前章でも触れましたが、フランス人の女性は、アメリカ人のように爪を長くすることは、あまりありません。たとえばカトリーヌ・ドヌーブも、丸爪にアンティークっぽい指輪をはめていたし、シルヴィア・クリステルも爪はとても短くカットしていて、マニキュアも透明で、指輪も小さめでした。

そうして、指輪と指の形を見て、なぜかその人となりがわかってくるようになったのは、ごく最近のことです。

というわけで、ご一緒に指輪のベーシックな約束事について、ここでおさらいして

みましょう。

指輪はほかの宝石と同じく、昼間は夜より控えめに、両手に指輪はひとつずつ（薬指か小指）にとどめるのが、もっともベーシックな考え方です。この際、結婚指輪も婚約指輪もひとつとして数えられます。またダイヤモンドでも、指輪なら朝から身につけることが許されますが、金だけでできた指輪は、昼間用のみで、反対に夜は、金台の上に宝石やパールがはめ込まれたものをするのが基本です。

フランスでは、もともと結婚前の女の子にあっては、貴族出身の女の子だけがChevalière《シュヴァリエール》といわれる家紋入りの指輪を左手の小指にする以外は、許されていませんでした。このシュヴァリエールとは、ご主人の武器の形のふたつ並んだやはり卵形のものを、既婚の女性のシュヴァリエールは、家族の紋章をかたどった卵形のもので、既婚の左手の小指にするのです。この家紋を持つ階層は、貴族階級にかぎられているため、シュヴァリエールを持っていない娘は、何もつけないで、婚約指輪と結婚指輪を待つのです。

ところで、アメリカ人は婚約指輪を中指にする場合があるそうです。なぜヨーロッパ、日本では左手の薬指にするのかご存じでしょうか。それは、この左手の薬指が機能的にも心臓に直結している「愛情の指」だからです。

そのほか、指輪はする指によって、意味合いが変化します。たとえば、中指は「遅すぎたけれど、私は好き」、人差し指は「喜んで結婚します」、小指は「主張しても無駄、私は独身でいたいの」という意味を表わします。といっても、人差し指と親指にするのは、悪趣味という見方があるし、片手にふたつ以上もつけるのは、あまり良いセンスとはいえないという考え方もありますから、ご用心を。

要は、多くする場合は大きさもみな同じくらいの小さめのものにし、色も合わせることがキーポイントです。いつか夏のサントロペに行く船で乗り合わせたフランス人の女性は、ひと昔前の六〇年代調のフォークロア・ファッションで、ロングのジプシーの着るようなスカートにTシャツ、そしてすべての指にはめたメタリックな指輪がとても似合っていました。

朝から高価な宝石の指輪はしないのが一般的で、大きな指輪は、ひとつだけ夜にすると引き立つものです。

婚約指輪は、男性側の家族に代々伝わる宝石がある場合を除いて、男性が相手の女性の好みの宝石の指輪を贈る習慣は日本もフランスも同じです。婚約が決まった日から結婚までの間、女性はこの指輪だけしか、はめてはならないのです。こんな意味合いからも、大人の女性でもイヤリングやネックレスなどのアクセサリーなら遊びのイミテーションで、とっかえひっかえしても許されるのですが、指輪だけは、数少なくても本物をするものです。

今日では婚約指輪というと、立て爪ダイヤモンドがほとんどのような時世になってしまいましたが、本来は女性の好みの石の周りに、ダイヤがちりばめられているものが一般的でした。特にダイアナ妃がしていたサファイアの周りにダイヤがちりばめてあるものは、もっともＢＣＢＧ的だとフランスでもいわれています。

もし男性側の母親が婚約のときに贈られた指輪があるのでしたら、女性の好みに合わせて、リフォームすることもよくあることです。

ところで、婚約指輪にはふさわしくないといわれた石があります。たとえば、涙を思わせるパール、「処女」の象徴であるエメラルド、身につける人の感情により色が変化するといわれる感受性の強すぎるオパールや、不幸を招くといわれるアクアマリンなどが、昔のヨーロッパではタブーでした。今日では、オパール以外は、なんでも許されます。最近は、もっとくだけて、金の塊りのなかに、小さな数種の石がはめ込まれたものなども人気のようですし、骨董屋さんで探す若いカップルも増えているとか。婚約指輪も、はめる女性の個性、性格に合わせて選ぶのが、いちばんだと思います。

結婚指輪に関しては、男性も結婚指輪をするのが常識とされているフランスでは、男性がそれをはずしたときは、「浮気」をしているか、そうした願望があるしるしだとして、周囲がハッとする、とフランス人の友人に聞かされたことがあります。

女性のほうでは、婚約指輪と結婚指輪を組み合わせてする人もいれば、結婚指輪と同じものをもうひとつプレゼントしてもらい、重ねてする女性もいます。

最後に、指や手の形、大きさで、指輪のデザインも考えるべきだと思います。大きい指輪や縦長のデザインのものは、小さな手より、長くて細い指によりマッチすると思います。

やたら大きく派手な指輪だけが価値あるものではありません。宝石に大切なのは、大きさより純度です。そして、いつ誰から贈られたかということが、ほかのどの理由より価値を決定するのだと思います。

機能的でスポーティなバッグは足元に置くという
ファッションの哲学

「ハンドバッグを忘れるなんて女じゃないわよ」

時に触れ、折りに触れ、私の装いのアドバイザーだった母は、よくこう話していたものでした。

そしてそれは、ずっと母の哲学として心の奥底にとどまっていたことでした。ところが、近頃、あるフランスの儀典の本を読んでいたら、こんな文章に出くわしました。

「女性は決してバッグを手放さないこと。ただし例外として、友人宅に食事に呼ばれたとき、食事の間のみダイニング・テーブルに持って行かず、サロンの椅子に置いておくことが許される。食事のあとのティーのとき、サロンに戻ったところで、自分のそばに引き寄せればよい」

このふたつの教訓の一致、いずれにせよバッグは多くの女性にとって、秘密が隠されている唯一のアクセサリーだということです。

さて、このバッグについてですが、無意識に私たちは、基本の約束事と反対の方向にいっている場合がよくあります。

たとえば、日本の女の子にたいへん人気のある〈ルイ・ヴィトン〉のハンドバッグについても、よくフランス人のマダムがたから話を聞きます。

「日本ではよく、ドレッシィなワンピースに、〈ルイ・ヴィトン〉のバッグを肩から下げている女性を見かけるけれど、ちょっとちぐはぐよね」と。

旅行用として出発したこのバッグは、どちらかというと、カジュアルな装いに合わせたほうがシックです。そうすることでスポーティな装いがぐっとセンスよく見えたりするものです。パリの〈カルティエ〉に長い間いたことのある私の友人が、よく言っていました。

「ある日、B・B《ブリジット・バルドー》が小型の自動車から降りて店に入ってきた姿が、なんとも魅力的で忘れられないの。なにげないジーパンとセーター、そして肩から小さな〈ルイ・ヴィトン〉のショルダーバッグを下げてたわ」

B・Bといえば、私も大好きな女優さん。そして、メークもほんの十分間ですませるという、どちらかというと、さりげなさの似合うパリジェンヌでした。〈ルイ・ヴィトン〉のバッグは、このようにさりげないシーンにこそ、似合うバッグなのです。

エレガンスの基本として、いくら高価なものでも、全体の装いの雰囲気や状況にマッチしていなければ価値はゼロ、ということをここで強調しておかなければなりません。

〈ルイ・ヴィトン〉の次に人気抜群のバッグがあります。それは、〈エルメス〉のケリーバッグで、一時期ヨーロッパではすべての女性の憧れの的でした。このバッグの名前の由来は、一九五六年、モナコの王妃、グレース・ケリーが、妊娠中のおなかをとっさに隠した写真が、『エル』の表紙を飾ったということにさかのぼります。きっとその日、グレース・ケリーは午後の買い物を楽しんでいたのでしょう。

もともとこのケリーバッグは、乗馬のとき鞍《くら》を入れるバッグが原型のデザイン。かなりごついバッグといえます。その外観からして、本来、昼間のお出かけのものなのです。昼でこそ、ちょっとしたパーティとか会合や、超一流のレストランでも買い物でも下げられるのです。夜用には、小型のバッグも売られていますし、装いと同じく、バッグも昼用と夜用を使い分けることが大切です。

先日、都内のホテルのレストランで、フランス人のマダムにランチに招待されました。私はすぐに装いに目がいってしまうのですが、紺に白い衿《えり》のオーソドックスなワンピース。そして、靴は紺。バッグはというと、大きめの巾着《きんちゃく》形の白い革のものでした。そんなカジュアルなバッグを、彼女はテーブルにつくと、足元にさりげなく置いていました。

レディはバッグをいつも体より上に置くと外国人から言われていた私も、昔、パリ大学のクラスで、いつもアメリカ人のクラスメートが、大きなバッグを足元に置いて、勉強していたことを思い出していました。

裏を返せばこれも、装いと振舞いが一致して初めて魅力的に映るのと同じ。バッグも機能的でスポーティなものは足元に、小さくてドレッシィなものは椅子の上に、と置く位置にも暗黙の了解があるのかもしれません。

「あるべき場所に置く」という哲学は、おしゃれにも通ずることだと思います。

ところでバッグを昼用と夜用に区分してみると、次のようになります。

まず昼間のバッグとしては、機能的なものを持ちます。ですから、大きなバッグ、夏なら籐《とう》のバッグ、ブリーフケース、肩にかける小さな巾着形バッグ、やなぎ細工のバスケットなどいろいろなものがあります。

一方で夜のドレッシィな装いをしたときの外出用バッグとなると、ビーズやサテンのイブニング・パースや金属製のイブニング・バッグ、そしてオーストリアで昔から作られている一見ビロードのようなカモシカの革の小さなバッグなどがよく似合います。メタリックで、横長の丸形バッグの口金のしゃれたものなど、ひとつ持っていると便利です。基本的には、革のバッグは、夜のパーティでは持たないものとされています。

こうしたことを心得て、なお肝心なのはバッグの中身です。よくフランスの雑誌で、〝タイプ別、女の子のバッグの形とその中身〟という特集を目にします。女性にとって、バッグの中が乱れていることは、生活の規律もとれていないというふうに周りに見られてしまいます。バッグの口が開けっ放しだったり、シミがついていたり。どちらも他人にはだらしなく見られるのでご用心を。

手袋についてのベーシック。いつはめ、いつはずすかということ

手袋の思い出といえば、映画の中でのお話になりますが、『悲愁』のフェドーラ以外に考えられないくらい、強烈なイメージが記憶に残っています。

マルト・ケラー扮する元ハリウッド女優フェドーラ。若返るために顔を整形し、いまは南仏に隠れるように住むフェドーラの歪んで傷ついた心。でも彼女の手だけは、年齢を隠すことはできません。外出するときには、必ず白い手袋をはめるため、クローゼットの引出しには何ダースもの同じ白い手袋が並べられている……。

サスペンスまがいに運ぶストーリー、この映画に心うたれた理由はいくつもありましたが、なかでも手袋に象徴される女心が、私にはたいへんショックでした。

身体のほかの部分は、服や靴に覆われているのですが、いつも手だけが外界の刺激にさらされているのです。手は美しいものも汚ないものも触る神経の集中した身体の

一部です。

手袋の歴史は、十二世紀にまでさかのぼり、その後何世紀にもわたり「品格」の象徴になってきました。そのころの上品なレディたちは、外出するときには、いつも手袋をしていたものでした。南仏グラースで、香料入りの手袋が作られたのもこの時代です。そして、手袋を片方投げたり、手袋をしている手を男性に差し出す行為は、挑発的なものとして受け止められていました。

二十世紀に入り、手袋は実用的に用いられることが多くなりました。スポーツ、ドライブ、サイクリング、乗馬など目的によって素材やデザインも豊富になってきました。手袋の黄金期が、自動車の普及に伴っていること、服装が簡素化された時期と一致していることも見逃せません。

日本人にとって手袋は、子供のころはめる毛糸のカラフルなものか、いつのころから か花嫁以外もするようになったレースの手袋という、まだまだ幼年期を脱していないのが現状です。ここ二、三年、クラシック調の女らしい装いが復活していますが、手袋も服のグレードまでに高めなくては、ちぐはぐになってしまうのではないでしょうか。

手袋についてのベーシック、いつはめ、いつはずすのかという問題から考えてみましょう。まず女性は、道を歩いていて出会った人と握手をするときは、相手がずっと目上の人の場合を除いて、はめたままでよいのです。

また、他人の家やオフィスには、手袋をはずしてから入り、レストランや劇場では、入りながら手袋をはずします。もちろん、この手袋をはずすときのしぐさがモノをいいますのでご注意を。

長い手袋は、十七〜十八世紀に婦人服の袖が短くなった際、女性に使われるようになりました。そして現在、夏に白いドレスを着たときに肘《ひじ》の上までの鮮やかな色の手袋をしたり、黒の袖なしのイブニングドレスのときに、靴とお揃いの明るい色のものをしたりと、いまのスタイルにも生きているわけです。いずれにせよ長くなればそれだけドレッシィになりますが、もちろん夜の手袋の素材では、キッド（子山羊）やスウェード、またはシルクが基本だということも大切です。長い手袋でなくても、キッドやスウェードのように、柔らかく薄い素材は、毛皮をまとったときや、アフタヌーンドレスを着たときなど、ドレッシィな装いのときに用いられます。

昼間のスーツの装いやコートをまとったときは、紳士物の手袋の素材と同じ。ペッカリー（南米の野生のイノシシ）や、アンテロープ（ガゼルのスウェード）、シャモア（カモシカ）などの素材が適していますし、また乗馬用の手袋風にステッチのきいたものもぴったりです。

ところで、イブニングドレスにする手袋の素材が、キッドやスウェードが正統ということは、手袋の歴史が短い日本人にとって、意外なことかもしれません。

では、日本人にとって親しみのある布やレースの手袋は、西欧では本来、いつ、どこで使われているものなのでしょうか。これは暑い季節のものとして、ごくかぎられて用いられています。それに日本の夏は湿度も温度も高いので、革製は向かないと思います。

また花嫁さんの手袋には、伝統的な子羊の革（カルガン・ラム）やキッドの白い手袋と並んで、西欧でよく用いられるのが、手作りのレース編みのものやナイロンサテンのものです。

白い手袋にかぎって、ナイロン製は実用的で価値があるといえます。というのは、手袋は、あくまで清潔なものというのが基本の約束事ですから、薄汚れた白い手袋をするよりは、洗濯しやすいナイロン製の白い手袋を、いつも洗いたてでつけていたほうが、ずっとエレガントなのです。

もうひとつの素材として、毛皮の裏付きの手袋が、寒がり屋さんのためにあります。これはもちろん冬用ですが、そのほか、手袋の袖口に毛皮をあしらったり、お揃いの毛皮をコートやジャケットの衿につけるのもおしゃれです。

白い手袋のとっておきのおしゃれなはめ方があります。それは、男性にもこのごろ見かけられますが、冬の夜の改まったお出かけ着として、カシミアの黒いコートに、シルクの白いロングスカーフと白いキッドの手袋を組み合わせる特別な使い方。冬の白い手袋は、夜のスタイルをぐっと引き立てます。

手袋は、スーツやワンピースというキャンバスの上で、靴やスカーフや帽子、バッグなどとうまくコーディネートして、全体を引き締めてくれる不思議な小道具です。そして、寒さや外界の汚れから手を守ってくれる「一人何役」も演じてくれる大切な小物なのです。日本の女性の小さな手にぴったりのアクセサリーとして、もっともっとエレガントな手袋が街で売られるといいのにと思っています。

午後五時前には
光沢のあるシルクは身につけないものです

以前、〈エルメス〉のスカーフとネクタイの展覧会が行なわれ、その際来日したデザイナーのアンリ・ドリニ氏と仕事で三日間ご一緒することができました。彼は〈エルメス〉の専属デザイナーとして、スカーフやネクタイ、そして時計のデザインを手がけること三十年というベテラン。マスコミのインタビューぜめで忙しそうでしたが、私も個人的な興味からあれこれと質問してみました。

〈エルメス〉といえば、ＢＣＢＧのシンボルともいうべきスカーフがあまりにも有名ですが、以前から私の中に素朴な疑問がありました。

「なぜ、シルク素材になったのか」

この質問にドリニ氏は誠実に答えてくれました。

「シルクはまず第一に、身につけてもっとも快い肌触りの素材であること、そして深みのある色合いが出せること。もうひとつは夏も冬も一年を通じて用いられるからです」

ということでした。そして、何よりも、

「シルクは大人だけの素材なのです」

と話してくれました。

そういえばＢＣＢＧの女の子は、大人になって、初めて自分の貯金で〈エルメス〉のスカーフを買うまでは、母親のものを借りたり、失敬したりして出かけるのです。シルクのブラウスを着るようになるのも、やはり二十歳を過ぎてからのことです。

昔、パリの友人のなかに、毎日シルクのブラウスをとっかえひっかえ着る暮らしをするのが夢、と言った人がいました。なんと贅沢なと思うと同時に、なんてロマンチックな夢なのだろうと感心したものです。そういう精神貴族になれたら素敵だろうと、いまも思っています。

フランスの女性は、とてもシルクを大切にいつくしみますから、日本人がするように簡単にクリーニングに出したりはしません。多くの人たちは、自分の指先でそっと押すようにシルクを洗うのです。このように細《こま》やかな気持ちで扱ってこそ、シルクは自分のものになるのです。だからこそシルクは「大人だけの素材」なのでしょう。

知人の家に食事にお呼ばれのときなど、シルクのシャツブラウスにスカートか、スーツのインナーに必ずシルクを合わせるのが、パリでは決まりのようになっています。どこかにシルクを身につけることが、公《おおやけ》の場所になればなるほど必要になってきます。午後のティー・パーティや夕方のカクテル・パーティ、あるいは展覧会か何かのオープニングのときなど、フランスでは、夏でもシルク・プリントか無地のシルク・シャンタンのアンサンブルで出かけるのです。しかも色は、ほかの季節より鮮やかな赤やブルー、イエローなどで遊んだりしています。

シルクはこんなふうに、昼も夜も、夏も冬もフォーマルな席では必ず着られる素材ですが、デザインや光沢が時間でかなり変わるので注意してください。たとえば、昼に着るシルクは、シャツ衿のブラウスで、カフスがついているものです。夜のお出かけ用になると、少し衿ぐりが大きく開いていたり、袖なしだったりします。

ちなみに以前通訳をしてお会いしたジュリエット・グレコの夜のドレスは、薄いグレーのシルク・ジョーゼットで、少し危ない女らしさが、デコルテの部分だけより薄くなったその一枚の布に象徴されていました。

夜のドレスは普通、時間とともに薄くなっていかなければ不自然ですが、シルクはその条件にもっともふさわしく変化できる素材です。

もう少しシルクの決まりごとをお話ししましょう。

三十年ほど前のフランスのマナー・ブックをひもといてみると、シルクは午後五時前に着るものではないと書いてあります。本来シルクは夜だけのものだったのです。だからいまでも、とりわけサテンのような光沢のあるものを昼間から着ていると、場所にもよりますが、特別な目で見られます。もし午後五時前であったなら、光沢のあるものは身につけないほうが無難でしょう。

そしてもうひとつ、昼の、上から下までシルクといったこれ見よがしの装いも、特別のドレスかかなりおしゃれな午後のアンサンブルを除いては、良いセンスとは受け止められないものです。

ちょっと前のことになりますが、〈クリスチャン・ディオール〉が発表した心憎い夜のお出かけ着がありました。それは、ベースがピンクのシルク・サテンでできた細身で丈《たけ》の短いドレスで、それとお揃いのピンク・サテンの裏地のついたウールのコートとのアンサンブルでした。このコートを上に羽織れば、何の不自然さもなくメトロに乗ってパーティやレストランに行くことができるわけです。そして、目的地に着いたら、さっと華やかなサテンのドレス姿に変身するといった仕組みです。こんなふうにシルクにドラマチックなストーリーを思い浮かべるのは私だけでしょうか。

最高級の素材だからこそ、その見せ場にはこだわりたいもの。デリケートで優しくて、ともすれば危なく傾きがちなシルクを着こなしてこそ、初めて一人前の女に見られるのでしょう。

朝から晩まで身につけることができる宝石は、唯一パールだけなのです

一九六九年、つまり私が十代後半のころ、給費留学生として、二度目のオルリー空港を訪れました。夜の空港で、私たち日本からの留学生を迎えてくれたのは、フランスの教育機関の女性でした。彼女は、ブロンドの髪とアクセサリーを上手にきかせた装いがとても印象的でした。

彼女の案内で、その晩私たちは、いまはもう思い出せない名もない通りの、名もないプチホテルに泊まりました。古い木の床、アンティーク風のすすけた家具……。そして私のトランクのいちばん上には、フランスの友達へのおみやげに持ってきたパールのアクセサリーが大切にしまわれていました。たしかにそのときまでは……。

翌日、私たちはそれぞれ行く先の大学に向けて、散り散りになり、結局パリに残ったのは私だけでした。

パリ大学の女子寮に部屋が決まって、真っ先にトランクから出そうとしたのは、パールの箱です。ところがないのです。ホテルで、部屋から出ている間の一瞬の出来事。それもパールの小箱だけが抜き取られていたのです。パリで最初で最後のショックな事件として、いまだに思い出に残っています。

パールというと、日本の代表的なジュエリーなのですが、外国での評価もかなりのもの。たとえば、フランス語の表現にこんなのがあります。「この島はカリブ海の真珠だ」とか、「彼女は真珠のようだ」とか。意味はどちらも、このうえない逸品という最高のほめ言葉として使われます。

もっと古くは、『新約聖書』のマタイ伝十三章四十五節に、こんな文章があります。

「天の国は次のようにたとえられる。商人が良い真珠を探している。高価な真珠を一つ見つけると、出かけて行って持ち物をすっかり売り払い、それを買う」

私が十八歳のとき、パリで知り合ったパリ大学の女子学生ドゥニズは、いつも薬指にシンプルな一粒パールの指輪をはめていました。それだけが、彼女の唯一のアクセサリーでした。

ＢＣＢＧ《ベーセー・ベージェー》（古き良き家庭）の女の子は、十八歳のとき、親から初めて一六インチ（約四一センチ）のパールのネックレスと、もし由緒正しい家柄で家紋があればシユヴァリエール（家紋をかたどった金の指輪）を贈られます。それまでは、せいぜいプラスチックなどの宝石まがいのアクセサリーしかしません。この一六インチというのは、パールのネックレスのなかでもチョーカーと呼ばれるいちばん短いサイズで、もっともスタンダードな長さです。

　チョーカーは、衿ぐりの詰まった、特にハイネックのデザインに組み合わせることが多く、パリのＢＣＢＧの女の子の典型的スタイルです。カシミアのタートルネック・セーター＋《プラス》一六インチのパールのネックレス＋《プラス》紺のセミタイト・スカート、またはキルトスカートにブレザーというスタイルが、秋冬のパリの街角でよく見られる光景です（パリのマドレーヌ寺院の近くにある〈ラ デュレ〉の二階のレストランは、午後一時ごろからＢＣＢＧ族で溢れます。もしＢＣＢＧ族を実際に確かめたいと思われるのでしたら、たいへん混むので一時少し前に行くことをおすすめします）。

　ＢＣＢＧの女性はこのチョーカーを、ときにはカシミアのセーターに、ときにはシルクのドレスにと大切に使いこなし、やがてはまた自分の子供に手渡すことが、その家の伝統のひとつと考えます。

だから、フランスでは何よりもパールのコーディネートで、その人のセンスが決められてしまうといってもいいくらいです。

もっとも野暮《やぼ》とされるのは、ネックレスと衿ぐりの隙間が中途半端に開いていること。ですから、衿ぐりが大きく開いているなら、長さはチョーカーか、いっそ大きくウエストまで下がっているものが粋《いき》というものです。衿ぐりとネックレスとの隙間の大きさや、重なり方が中途半端にならないためにも、ネックラインのカーブとネックレスの下がるラインの微妙な関係に神経が行き届くようになったら、もう着こなし上手の仲間入りができたといっていいでしょう。

パールの最大の長所は、パールが一日二十四時間、季節を問わず、朝から晩まで身につけることのできる唯一の宝石だということ。そして年齢にも制限がないことです。たとえば、午前中からダイヤモンドのネックレスを身につけていたら、それがたとえ一級品であっても、慎みのない恥知らずと見られるだけで、一人前の女性とは扱われません。

原則として、朝から指輪以外で光るアクセサリーをするのはルール違反です。どんな格式あるブティックであろうと、朝からゴテゴテと光り物の宝石をつけて行ったら、素性を疑われかねません。

そこで、朝のテーラードスーツ姿には、パールのイヤリングやネックレスをすれば合うし、またもっとカジュアルに装いたいときは、ネックレスをゴールドにし、イヤリングだけパールという手もあります。

特におすすめしたいのは、スーツの衿元にブローチをいくつかする方法です。パリでは、〈ラリック〉のクリスタルの猫を二、三個つけたり、動物やてんとう虫の形の小さなブローチをいくつか一度にするのが流行しています。こうすると男っぽいカチッとした衿のラインがソフトに女らしく変わるからです。長い間、脇役に甘んじていたブローチの存在が再び少しずつ脚光を浴びています。

夜になれば、ガラッと変わって、カクテルドレスやイブニングであっても、ネックレス、ブレスレット、イヤリング、そして指輪には、五大宝石（ダイヤモンド、ルビー、エメラルド、サファイア、そしてパール）から選ぶのが常識です。こんなときでも、パールは女らしくて控えめで、外国人のなかに入ると、動より静のおとなしさが似合う日本人の女性に、いちばん似つかわしいジュエリーのような気がします。

たとえ昼はノーメークでも、夜は完全に大人の女になりきる、そんな時に応じての演じ方が、パリの女性はとても上手です。だから、決して夜の宝石で昼の服を飾ったりしません。このへんが、まだまだ私たちの装い方は中途半端だという気がします。

よくパールの三点セット（ネックレス、イヤリング、指輪）が売られていますが、これは、一見便利そうでも、あまりにお定まりの型にはめられた感じで、つけていても楽しくありません。一度に全部つけるのも人格を疑われかねない過剰なコーディネートです。

たとえば、ヨーロッパでのアクセサリーの約束事に次のようなものがあります。

●ネックレス＋《プラス》イヤリング＋《プラス》指輪ふたつ

または、

●ネックレス＋《プラス》ブレスレット＋《プラス》ブローチ

という制約です。そして今は、ますますミニマリズム（身につけるものをなるべく簡素にする）の傾向にあります。

ところで、ネックレスをよりエレガントに見せるために、二連より三連、三連より五連と奇数で増やしますが、これはいずれも改まった装いのときだけと考えておいたほうがいいでしょう。

では、パリの女性がどんな形で、パールのネックレスを活用しているのか、私が実際に見かけた光景からご紹介していきましょう。

最近、南仏のレストランでのディナーにご一緒した知り合いのフランス人マダムの、黒のロング上下に長めのパールのネックレスをつけるという、控えめな装いに好印象を持ったものでした。

また雨の日には、昔のフランス映画でフランソワーズ・アルヌールがしていたように、レインコートの下に丸首の半袖のプルオーバーを着て、二連のパールをコートの衿の下にのぞかせる、なんとも味わい深いスタイルが印象に残っています。ヨーロッパでは夜の黒のワンピースに三連のパールのネックレスという装いもよく見られます。

このようにジャケットやコートの場合、その下に着るセーターやブラウスの衿ぐりのところから、ちらりとパールをのぞかせるのが原則なのです。

パールが重宝《ちようほう》がられるもうひとつの理由は、顔の近くに持ってくると、顔が明るく引き立つ不思議な効果があるからかもしれません。年をとるにつれ、パールの粒も大きなものを選び、何連も重ねてネックレスにするという理由もうなずけます。

ただ日本では、パールのネックレスというと、何かまだ、冠婚葬祭のイメージが尾を引いています。喪服《もふく》にパールというこのスタイルの発端は、チャーチルのお葬式にエリザベス二世がパールのネックレスをつけて出席したことが始まりといわれています。

しかし、時代が今、再び、パールを望んでいます。その証拠に、私の周りのフランス人の女性を例にとっても、長い間住み慣れた日本を離れるとき、彼女たちが最後までエネルギーと時間を費やして探すのが、パールのネックレスなのです。

長いヨーロッパの歴史のなかで、とりわけ貴婦人に親しまれてきたパールは、今日、場所を問わず、時間を問わず、さまざまな顔を持ち、あらゆる生活のシーンに登場してよいものです。でも、パールはとてもか弱くて、汗や熱に弱いことも思いやってください。いつくしみながら、ときには、柔らかい布で拭くことも忘れないで……。

スカーフやストールにセンスのよしあしが見えてしまいます

小さかったころの私にとって、ウールのスカーフの使いみちは、オーバーの下に衿のように合わせるか、三角形にして頭にかぶるかのどちらかでした。ですからパリに行って、毎日街角で見かける一人一人の異なるスカーフのあしらい方に、最初はびっくりしたものでした。そのスカーフ一枚一枚が、いかにもわが場所を得たりとばかり気持ちよさそうに、女主人の胸や衿元に収まっていたのでした。

『フランス上流階級BCBG』にあるように、古き良き家庭のお嬢さんたちは、十代のころには母親のお古の〈エルメス〉のスカーフをしていますが、〈エルメス〉のバーゲンで最初の自分のスカーフを選ぶときは、それは胸をときめかせるのだそうです。そんなに心躍らせながら手に入れたスカーフだからこそ、家に帰って鏡の前で工夫して、一枚のスカーフを何通りにも着こなすようになっていくのかもしれません。「おしゃれ」とは、ひとつのものをどれだけ深くいつくしみ、長く着こなすかということです。

現在でも、シルクのスカーフといえば、〈エルメス〉か〈グッチ〉、ウールやカシミアのショールは、〈イヴ・サンローラン〉か、〈スウレイアド〉といったところが、フランスのBCBGマダムの御用達品《ごようたし》となっています。

先日、フランスの友人から国際電話があり、親友が日本に行くので会ってほしいと言われ、ホテルへ出かけて行きました。その婦人はロシアの貴族出身で、ご主人と秘書と三人で滞在していました。昼食をともにしている間、私はこの元貴族の婦人に、とっておきのスカーフ、ストールのまとい方を教わりました。

まず、肩をすっぽり覆うようなストールの場合、それが細長いショール型ならば、右肩から左肩にかけるほうを下にし、上になるほうは左から右へと渡します。両肩のところでの折り返しは、きちんと折り目正しくが原則です。また、大きな正方形を半分にして、三角形のストールとして用いるものは、三角形の先端が背中の真後ろに垂れ下がるようにまとうのは、なんといっても野暮なのだそうです。先端はどちらかの肩にくるようにし、長いほうを先に前から反対側の肩に渡し、下にもってゆき、もう一方の垂れを上からかぶせるようにします。

正方形のスカーフの場合は、まず三角形に半分に折り、それをまた三つ、四つ折り込み、細長くしてから、どちらかの肩の上で結びます。そして片方の結んだ垂れを前に、もう片方を後ろに垂らします。

さてスカーフやストールは、ただつけているだけでは、それを十分使いこなしているとはいえません。それぞれの場所や状況に応じたアレンジができてこそ、エレガントなのです。たとえば、レストランで席に座ったとき、長方形のストール型のものは、肩全体を覆っていても、座ってからブラウスやドレスの胸元が、相手からよく見えるように、片方の肩に無造作にのせるようにするのだそうです。そして、そのとき前の垂れを後方より短くします。これは、パーティなどで室内に入ったときの基本で、カクテル・パーティで立っている場合も、後ろを長めに垂らすのだそうです。

そしてもうひとつ、劇場に入ってクロークに預けなかったとき、途中で膝の上にのせてもいいのですが、そのときはいちいちきれいにたたむのは野暮と、婦人ははっきり答えたのでした。それよりクシャクシャと、自然に膝の上へ落ちたようにのせるのが、粋なのだそうです。

そういえば、日本人の女の子が、毛皮のコートの裏地を表に出すように、いちいち時間をかけてたたんで、椅子の上に置くのがとても野暮だと話していた男性がいました。

たとえ高価なものでも、これは高いものなのとこれ見よがしに見せつけるのは、心がリッチでない証拠なのかもしれません。このあたりが「おしゃれの秘訣」だと思いませんか。

最後に、私が最近お目にかかって、ストール使いがとても素敵だった女性について、お話ししましょう。あのクリスタルの〈ラリック〉の社長であり、自ら創作活動も続けているマリー＝クロード・ラリック女史です。彼女のおしゃれのセンスは抜群です。そしてなんといっても、彼女は〈イヴ・サンローラン〉が好きな女性です。ベージュのスーツに、細長い同じトーンのグラデーションになったストールを首に巻いた姿が、彼女に初めて出会ったときの装いでした。このときは、室内で座っていましたので、首に巻いた薄手のストールにときどき手をやるしぐさが女らしく魅力的でした。

そして、彼女を二度目に見たシーンは外出する姿でした。ワインレッドのパンツ・スーツに、やはり〈イヴ・サンローラン〉のストールで、今度はワインレッドの濃淡のグラデーション。このときは、首の横で結び、長く垂らして歩くたびに風になびくようでした。

細身で小柄な女性が、細長いストールをすると、よりスマートな効果が現われることのよい例でした。

太りぎみの女性でしたら、この細長いストールはスマートに見せる効果をより発揮してくれるでしょう。そして、女性の年齢がはっきり現われる首を美しいスカーフやストールで覆うのは、大人の女性ならではのエレガンスだと思います。これは、若いころから数少ない服でも、スカーフやストールでいろいろと工夫し修業してこそ、なせる業だといえます。

そして、それに伴って人間の中身も完成されたとき、本当のおしゃれが身につくというものです。二十代のころからその訓練を始めれば、きっと魅力的な大人の女性になる準備ができると思います。

意識してつくる美しい脚のライン、まずはストッキングを選ぶことです

パリのデパートで、下着売場、お化粧品売場と並んでスペースを占めているのが、ストッキング売場です。最近は、パンティストッキングにもいろいろな機能を持つものが増え、私はこのストッキング売場を散策するのが、パリでのひとつの楽しみになったほどです。

細く引き締める効果を持つもの、形を補強するもの、マッサージ効果を持つもの、疲れず脚のむくみを防ぐものなど、美と健康の両サイドから消費者を満足させる方向に、ますます向かっています。

そして、パンティストッキングと並んで、九七年はガーターベルトにストッキングの組み合わせが、再び流行の兆しを見せているのも見逃せません。なかには〈ウォルフォード〉が新しく出したパンティストッキングのように、肌色の地の上に黒のガー

ターベルトとストッキングがプリントされたものまでお目見えしました。

ストッキングは、十九世紀末にウール素材に代わってシルク製となり、上流社会の婦人たちに好まれたといいます。やがて、時のデザイナーのポール・ポワレが黒と肌色、そしてシャンパン色を流行させました。このストッキングの丈が腿《もも》の位置に達するまでには、少し時間がかかったようです。一九一四年にはまだストッキングは短く、膝のすぐ上まででした。当時を時代背景にした映画をご覧になると、ときどきそうしたスカートの裾《すそ》からちらつくストッキングの端が出てくることがあります。そして、第二次世界大戦のころには腿の中央あたりまで長くなりました。

ナイロンストッキングが第二次世界大戦後に登場しますが、六〇年代のパンティストッキング誕生ほど衝撃は大きくなかったようです。パンティストッキングの出現は女性が脚を腿まで露出することを可能にし、まさに、ウーマンリブと相まって、自由の象徴ともいえるものでした。

今日、パリのストッキング売場でもっとも多い色は、やはり肌色、黒、そしてシャンパン色の伝統的三色です。そして、秋冬の寒い日に穿《は》くものは別として、素材はますます薄く洗練され、伸縮性に富むものということが特徴です。パリで主流となっているいくつかのパンティストッキングを、ご参考までにその特徴とともにご紹介しましょう。

〈フィリップ・マティニョン〉は夏向きに「クールサマー」という名の日焼け色を発表しています。八デニールのシームレスで、爪先も透明です。リクラ素材（〈アメリカ・デュポン〉社のポリウレタン繊維ライクラのことで、伸縮性に富む）を使用。

〈ダニエル・エシュテル〉もリクラ素材を用いて、ごく透明で少し光る一〇デニールのパンティストッキングを出しました。その他一五デニールのもので、その名も「リベルテ（自由）」というヴァージョンも出しています。

〈ディム〉からも究極の透明度のものが発表されています。一五デニールです。

〈ウォルフォード〉からは「アップ」という名のとおり、ヒップアップ効果のあるものが発表され、包装の写真はヘルムート・ニュートン撮影のしゃれたものを使い、パリのデパートの中でも、このコーナーは一段と光っていました。

このようにパリの女性は、パンティストッキングを昼間の仕事用として、美しくかつ健康にもよい一石二鳥のものを穿き、ストッキングにガーターベルトは恋人とのデートで、少しセクシーな気分に浸りたいときに演出するための大切な小道具として身につけ、二つを上手に使い分けるのが今日の傾向です。

たとえば、黒の正統派のスーツに黒のストッキング（最近は、グレーも流行しています）にガーターベルト、そしてハイヒール（ストッキングを穿いたときは絶対ヒールのあるものというのがルール）などは、とてもシックでセクシーな装いとして好まれているようです。

最新のストッキングの傾向はレースの縁取りがしてあるもので、やはり黒が主流です。というのもストッキングは夜用として穿く女性が多いからです。日本では、セクシーな写真によく黒のストッキングが登場していて、特殊に見られがちですが、パリではもう少し普通に穿くものであるといったところが、異なる点でしょう。

いずれにせよ、肉体のエロティックな一部である脚なのですから、少しでも美しく見せるためにも、明日からパンティストッキング、あるいはストッキングを改めて見直してはいかがでしょうか。

種類が豊富になったストッキングなのですから、靴のデザインに合ったものを穿くということも大切なのです。

たとえば、夜のパーティに履く華奢なサンダルやドレッシィなパンプスに似合うのは、薄手の一五デニールのもの。日中履くパンプスやローファー、ウォーキング・シューズには、より丈夫な三〇~四五デニールのストッキングかオパック（半透明のもの）。ブーツには少し厚手のウールのタイツがベストでしょう。

ダークなトーンではなく、カラフルな色を思い切り楽しむのは、ストッキングではなくスポーティタイプのタイツかオパックだと思います。

パリでは普段でもストッキングを穿くことは、最低限の身だしなみとされています。けれども夏に、もしあなたの脚がマロン色に均等に日焼けしていたら、その場合のみ素足で歩くことが許されます（ただし、ペディキュアはきちんとしてください）。

最後に、ストッキングを穿くときの三カ条をつくってみました。

①シームの入ったストッキングはまっすぐに穿くこと。

②一回穿くごとに手洗いすること。

③絶対に繕ったりしないこと。

ストッキングが引っかけられた跡を残さないように、毎晩手で優しく押し洗いすることは大切です。そして、オフィスの机に常に一足しまっておいたり、バッグの中に自分で作ったシルクの袋にストッキングを一足入れておいたりする配慮を持ちたいものです。

これは豪華な服を身につけて歩くことより、何倍も価値のあることです。

おしゃれは、他人の目に触れない、こんな小さな努力の積み重ねなのだということを忘れないでください。

髪は女性にとって、大切なセダクションのポイントです

近年、日本の女性の、肌に関する関心度は年々高まる一方で、エステに通う特に若い女性たちは後を絶ちません。そしてその後、カリスマ美容師のブームの波が押しよせ、今日の街を歩くと髪の毛を黄色やオレンジ色に染め、それぞれに工夫をこらしたカットを施したヘアスタイルが目につきます。顔に関してもそうでしたが、何事も先ず表面の恰好良さから人間は〝学習〟するものです。たとえば、バブルがはじける以前、日本人は世界の名だたるブランドを手に入れ、それまで見たこともなかったあらゆる高級品を高い授業料を払って〝学習〟したものでした。

顔に関しても、まずはスーパーモデルのメークから入り、次にその土台となる肌を美しく保つことの大切さを悟り、スキンケアに関心を持つようになったのです。

〝髪〟については、現段階では、色やカットなど人目につく部分への関心がまだまだ

主流ですが、そろそろヘアダイやブリーチで傷んだ髪の手入れを考える女性が増えつつあるのではと期待しているのです。そして、女性にとって〝髪〟が如何に大切なセダクション（男性をひきつける力）のポイントになるかを考えてほしいとも思うのです。

確かに人間の身体の中で、〝髪〟ほど目立つところはありません。同時に、〝髪〟ほど柔軟にその女性のイマジネーションやセンスでイメージチェンジが可能なところはなく、それ故、古代から、女性にとってセダクションの一部としてみられてきたのでした。

ですから、コーラン（イスラム教の聖典）においては、「夫にしか髪の毛を見せてはならぬ」と書かれ、今日も、イスラム諸国の女性たちは、頭をベールで被い、目だけをのぞかせて街を闊歩しているのです。

西洋の女性たちについても、何世紀もの間、外出するときは帽子を被り、髪を出して外出する女性は下層階級の妻たちと娼婦のみだったと書かれています。

また、髪をいつくしむという行為の歴史はかなり古く、紀元前三〇〇〇年の古代エジプトのファラオン宮殿においては、女奴隷たちによって女主人の髪につけるローシヨンが手作りで作られていたといいます。また、フェニキアでは、女性たちは親愛なるアドニス（女神アフロディテに愛された美貌の青年）の死を悼み髪の毛を切ったといいますし、また、ゲルマン人や、中世のフランスにおいては、不実の罪をおかした妻たちの髪を剃《そ》って坊主頭にしたというのです。それは、髪を剃ることで、同時に人生と決定的訣別をするという意味深い行為だったのです。まさに〝髪〟は女の生命《いのち》なのです。

古代ローマ人の髪型の洗練度はかなりハイレベルまで達し、オウィディウス（ローマの詩人）は次のような今日にも通用する素晴らしい言葉を残しているのです。

「最も似合うヘアスタイルとは乱れ髪をよそおったもので、まるで前の日にセットしたように思わせるものである。しかし実際は、巧みなくしさばきで今、仕上げたばかりなのであるが……アートの極致はしばしばこうして偶然を装うものなのだ」

この言葉の表わす洗練性はまさに今日のモード全般に通用する〝自然体〟を暗示するものではないでしょうか。何においても、「これみよがし」や「わざとらしさ」は、エレガンスに逆行するものということは古代ローマの時代より流れていた考えだったのです。

その後、キリスト教が出現し、修道女は、髪を切りベールを被るなど、髪のカットは女らしさの断念を意味するようになりました。

最近、観た映画に『年下のひと』(ディアーヌ・キュリス監督)という十九世紀を舞台にした作品がありましたが、その中で、アルフレッド・ミュッセとの激しい恋と訣別する決心をしたジョルジュ・サンドが、自分のブルネットの巻き毛を切ってミュッセに贈るシーンがありました。この逸話は真実で、情熱の炎を髪を切ることで抑えようとしたジョルジュ・サンドの苦しみがこちらにも痛いほど伝わってくるのでした。

こうした髪を切るという行為は、肉体の愛や、その自然にまかせての継続を拒むことを、また、過去との自分の訣別を意味します。

それ故、日本でも、髪をショートにした女性はよく「失恋したの?」とよく声をかけられたものでした。最近は、こうした会話をあまり耳にしなくなり、街を歩くショートヘアの女性たちには、そうしたはかなげな部分が少しも見られなくなってしまいましたが……。

こうして人類の歴史において長い髪イコール女らしさ、セダクションという概念がある一方で、男性の口ひげやあごひげは、男っぽさの象徴でもありました。また、ロングやショートは時代により、交互に流行し続けてきましたが、もしあなたが自分の髪型をどうしようかと迷っているなら、年齢や性格の変化、また季節による日焼けや体重の変化などを考慮した上にさらに、いくつかのヘアスタイルの持つ意味をふまえると良いと思います。

そこでここにその基本をご紹介しましょう（フランスの髪に関する資料より抜萃）。

⦿額を出すこと↓世の中に立ち向かう
⦿まん中分け↓内的にしっかりしたバランス
⦿左分け↓自信のなさ
⦿右分け↓集中力のなさ
⦿額を完全に覆う↓よりどころを求める
⦿耳を出す↓何らかのリスクを好む大胆さ
⦿耳を全く隠す↓他人とのかかわりを拒否
⦿頬を隠す↓はにかみ屋
⦿うなじを見せる↓官能性。自らの女らしさを表わす、あるいは反対に女らしさを拒否する意味も。

また、顔の周囲を柔らかに包むヘアは控えめを意味すると同時にエネルギーを蓄積することになり、また、ライオンヘアは大胆さ、ダイナミズムを意味します。

低めのシニョンは集中力を、また平らな髪型で顔の下方を際立たせるヘアは、強固なモラルや教養を表わします。また、額から離れ頭を高く見せるヘアは、楽天主義や創造性や、イマジネーションを表わすことから、昔からベートーヴェンなど芸術家の髪型によく見られます。

また、いつの時代も、異様な、突飛な髪型は非難を受けていたことから、髪型は特に大人の女性にあってはその人そのものの人間性を表わす看板となるので慎重に選ぶことが大切です。

私に関していえば、最近あまり髪型を変えなくなった一方で、より関心を持っていることがあります。それは、髪の健康とツヤです。肌と同様、いくら美しくセットしても、土台となる髪が健康でなかったらなんにもならないでしょう。そんなことから、髪のエステやトリートメントを時々するように心がけているのです。そこで私が最近、発見した、トリートメントに力を入れている美容院をご紹介しましょう。

まずは、西麻布にある美容院〈ヒロイン〉(東京都港区西麻布4の6の4 ☎03

―3407―8028)。

ここでは、ケラスターゼのすぐれたトリートメント剤を用いてトリートメントをしてくれます。その利点は、効果抜群なのに短時間（15～30分）でできることで、トリートメントに気軽に行けることです。老廃物をとるシャンプー、頭皮トリートメント、毛髪トリートメントの後、クリーム状のトリートメント剤を塗布し、ハリとコシを与え、最後にトニックマッサージで完了です。トリートメント剤の浸透が早いことが短時間で完了する理由です。家でのトリートメントに加え、三週間から一カ月に一度、美容院でするトリートメントは家で味わえない爽快感が快適です。

もう一軒は、青山にある〈アトリエ・タカダ〉(東京都渋谷区渋谷1の5の2　須藤ビル1F　☎03―3498―8656）でここではカリタ方式の頭皮マッサージとトリートメントを行なっています。ここで頭皮マッサージに用いられる柑橘系オイルは、その香りにもリラクセーション効果があり疲れた頭皮に抜群の快さを与えてくれるものです。こちらのお店のマッサージも一度試してみてください。

今、街を歩く女性たちの染められた髪が、トリートメントをすることでツヤのある髪になってほしいと心から願ってやみません。

III　ゆるやかな時間

何時《いつ》でも飲むことのできるシャンパンで、人生に華やかな輝きを

シャンパンは、世界に数あるワインのなかでも華やいだ気分にもっともふさわしい、エレガントな飲み物です。

映画のなかでもしゃれた小道具になることが多く、シャンパンが登場するのはどれもうきうきするようなシーンばかり。たとえば『ローマの休日』では、オードリー扮する王女が生まれて初めて入ったローマのカフェでシャンパンを注文し、また、『七年目の浮気』ではマリリン・モンローがトム・イーウェルと一緒に飲むのもシャンパンでした。女性が美しく飲めるワインということから、恋愛ものの映画によく使われてきたのです。

最近では、日常の暮らしをより豊かに演出するワインとして、ＢＣＢＧのライフスタイルの普及とともに、ヨーロッパ各国でシャンパン愛好者の数が増えてきています。

ところで正真正銘のシャンパンとは、パリから北東に一五〇キロのところに位置するシャンパーニュ地方で造られる発泡性のワインのことです。このシャンパーニュ地方以外の地で造られるものは、スパークリングワインと呼ばれはしても、「シャンパン」とは呼んではいけないものです。

シャンパーニュ地方のこの発泡性ワインが、なぜ世界でもっとも洗練された飲み物、シャンパンになったのか……。それは、この地のオーヴィレール修道院の修道士ドン・ペリニヨンの鋭い観察眼と化学的才能に負うところが大きいのです。

彼の時代には、ワインは樽売りだけが許可されていたため、シャンパンは、生産者の頭痛の種だったといいます。というのも上手に発酵してくれないときは、運搬の途中で樽が破裂してしまう恐れがあったからです。シャンパンが初めてガラスの瓶で売り出されたのは、ドン・ペリニヨンの死から十一年後の一七二六年のことでした。初期のシャンパンの色は薄い赤あるいは薄い黄色で、今日のような白いシャンパンが誕生したのは、栓や瓶を改良してからの一八〇〇年ごろといわれています。

面白いことに、フランスのワインの話をするとき、必ずといってよいほどイギリス人の存在がクローズアップされます。利《き》き酒の王様ともいわれるイギリス人は、世界有数のワイン愛好家でもあるからです。

もちろん彼らは、大のシャンパン好きでもあって、感心させられるのは、いくらへべれけに酔っぱらっても、平然としているように見せる術を心得ているところだともいわれています。ロンドンの高級食料品店、〈フォートナム&メイソン〉のショーウインドーには、クリスマスやイースターが近づくと、最高級のシャンパンが、マスタードやピックルスとともに、カシミアの布の上にのせられてディスプレーされます。

最近読んだフランスの本に、ロンドンからシャンパーニュ地方のエペルネイにやってきて、毎日違うシャンパンを飲んではノートに克明にメモする英国紳士のエピソードが書かれていました。彼は毎朝、起きがけに半《ハーフ》ボトルのシャンパンを飲み、熱いクロワッサンを添えて朝食としていたとのこと。この起きがけというのが、実は大切なポイントです。

フランスの美食家として著名なラマン博士によると、ワインの味がいちばん純粋に感じられるのは空腹のときで、午前十一時か午後五時だといいます。つまりは、食事のときでないほうがよりおいしく味わえるということです。

さらにラマン博士は、これまでのようにシャンパンをデザート時に飲むワインとすることに、次の理由をもって反対しています。まずシャンパンはアルコールが残りやすいワインであり、また思われているほど消化を助ける働きがあるわけではなく、さらにソーテルヌなどの甘口のワインの味を損ねてしまう。

これらの理由から、博士は、これまでいわれていたのとは逆に、食後のデザート・タイムを除けば、いつでも飲めるのがシャンパンだとしているのです。それを受けてか、最近フランスではアペリティフとしてよく飲まれ、食事の間ずっとシャンパンで通す人も増えていると聞きました。真のシャンパン愛好家は、一本だけでは物足りないからです。たとえば、食事の初めには辛口で軽いシャンパンを、次に肉のときはよりコクのあるもの、そして最後はもっとも熟成した甘口のシャンパンで締めくくるといった具合です。

イギリス人が少し距離をおいて、興味をもってシャンパンを観察し克明にメモする一方で、フランス人の楽しみ方はより日常の暮らしに密着したものなのでしょう。彼らは常に自らの舌で判断します。そしてその舌で感ずる味覚を五つの段階に分けています。brut《ブリュット》（極辛口）、extra sec《エクストラ・セック》（辛口）、sec《セック》（中辛口）、demi sec《ドウミ・セック》（甘口）、そしてdoux《ドゥー》（極甘口）の五つです。

シャンパンは、ほかの多くのワインと異なり、ボトル詰めしてから二年以上は貯蔵庫に寝かさないほうが賢明であるとされています。というのも、ボトル詰めまでにすでに三〜五年をかけており、出荷されたときはすでにパーフェクトな状態になっているからなのです。ですから、ある定まった年のブドウから造られるmillésimé《ミレジメ》（年紀入り）のシャンパンでも、五年もおくと味が落ちる危険性があるということになります。

　シャンパンの貯蔵は、一〇度ぐらいの一定の温度に保ったなかで行ないます。飲むときは、冷蔵庫でなく、シャンパン・クーラーに氷と水を入れたなかで、七度前後にするのが理想です。あまり温かいと泡は束の間のうちに消えてしまいますし、また冷えすぎると味わいがなくなるからです。食卓で注意すべきことは、シャンパンの微妙な色の趣きが楽しめなくなるので、色のあるテーブルクロスはなるべく避けることです。また、蛍光灯よりは普通の電灯による低めの照明が、シャンパンを美しく見せることをお忘れなく。ロウソクを使うときは、顔の高さか少し上くらいに光がくるのが理想的です。低すぎると顔の美しさを損ねてしまいますから。

　シャンパン用のグラスとして理想的なのは、泡の消えにくいフルート型ですが、ワインの種類が何であろうと、ひとつのグラスですませたいときは、チューリップ型でかなり深く、先が少し広がっているものがよいといわれています。この型ならワインがよく流れ、香りが効果的に凝縮するからです。最近、食事もシャンパンで通す場合、この型ですます人も多いようです。

シャンパンはグラスになみなみとつぐものではありません。いつも半分、または三分の一にとどめます。また、女性はグラスの柄を親指、人差し指、中指で軽くつまみ、頭がのけぞらないようにして飲むとスマートです。また乾杯のときは、一口で飲むだけにとどめ、何度もグラスを傾けないほうが上品です。

シャンパンのあの優雅な芳香や味わいは、実はブレンドの賜物《たまもの》です。その土地だけの厳選された品種のブドウだけを使い、時をかけて造られた、さまざまな原酒のシャンパンをブレンドし、加糖によって発酵をコントロールして発泡性を高めるなど、すべてが経験と勘による手仕事で行なわれます。赤ちゃんに接するように細心の注意と愛情によって育てられた傑作です。本当は、マナーにとらわれるよりもそれをじっくり味わうことが、最高に贅沢な飲み方でしょう。

BCBGはライフスタイルのもっとも基本的なルールです

いま、フランスやイタリア、そしてアングロサクソンの国々で次代を担う若者たちのためのマナーや作法の本が売れています。

それらは、昔の復刻版だったり改訂版、あるいは新版とさまざまですが、多くの場合、著者の肩書は○○伯爵夫人といったように、貴族階級に属する人たちであり、これもBCBG台頭の風潮と合わせて注目されるところです。

さて、このBCBG旋風ですが、一方でこの現象を冷静に見つめている人たちもたしかに存在します。たとえば『マダム・フィガロ』誌のなかで、今日のフランスを代表する音楽家のジャン＝ミシェル・ジャールは「今日のブルジョワは、一九六八年のブルジョワよりもっと質《たち》が悪い」と批判していますし、その元祖BCBGたちも、自分たち以上に豊かに華やかに人生を謳歌する今日のブルジョワ、つまり「ヌーヴォー

・リッシュ」たちを、横目で冷ややかに眺めているといった観があることも否《いな》めません。

フランスでなぜ、いま、こうしたブルジョワ化現象が起こっているかについては、さまざまな要因が考えられますが、まず、大学進学率の増加が挙げられます。

これは、学歴だけで家柄（昔は不可欠だった）とは無関係にエリートになった親たちが、自分の子供にも高学歴教育を施す傾向が一般的に強いからにほかなりません。学校以外のところで個人教授をビジネスとする、いわゆる塾がパリにも出現し、教育ママたちが放課後子供を連れていくといったこれまでになかった現象も見られます。

次に考えられるのが女性の就業率の増加です。一九六八年の五月革命までは、ブルジョワジーの特徴はひまであることでした。ところが今日では、二十五歳から五十四歳までの女性のうちの六七パーセント、つまり一千五十万人のフランス女性が、職業に就いているのです。これは、独身女性も数多くいる一方で、ダブル・インカム（共働き）の増加によって、家計に余裕のある家庭が増えてきたことを意味しています。

このふたつの要因は物質的な豊かさをもたらしただけでなく、さらに、それに伴っていくつかの社会現象が顕著になってきました。

まずヴァカンスにかける費用が増えたことです。別荘も十年前に比べて倍増しています。都会に持ち家を構えることにさほど執着《しゅうちゃく》がなくなり、それよりは賃貸住宅に住んでそのぶんをインテリアなどにお金をかける、あるいはヴァカンスのための別荘を持つという人が増えたことです（日本もそうなりつつありますが）。

ワインの銘柄にこだわるようになったり、シャンパン、スモークサーモン、キャビアがスーパーでよく売れるようになったり、ことにキャビア・レストランがパリで流行していることは、一連の目立った現象のひとつです。

生活が豊かになればより美食を求めるフランス人気質を象徴するかのように、ミシェル・ゲラール氏（フランス南西部ウジュニー・レ・バンの〈メゾン・ローズ〉でヘルシーな太らない料理を作っています）などの有名な料理人による冷凍食品（伊勢エビや、フォアグラなど）も売れています。

また折りからの世界的健康ブームも手伝って、ブルターニュやノルマンディの海岸沿いで、タラソテラピーによる健康回復を目的に数日間滞在するといった、ホテルと健康食とフィットネスがパッケージされたウィークエンドやヴァカンスを過ごす人々が増加していることも見逃せません。

こうした施設はますますデラックス化し、次々と建設されています。これもビジネス以外は都会を離れることを旨《むね》とする、田舎愛好家ＢＣＢＧに倣《なら》った現象といえましょう。

ともあれ、物質的に豊かになった今日のブルジョワたちにとって、究極の目的は古き良き伝統を受け継ぐ「グラン・ブルジョワ」のライフスタイルです。つまり、お金だけでは得られない伝統的精神、そして格式と気品を彼らは望んでいるのです。

このような「正統派ＢＣＢＧ」は二者（ヌーヴォーとグラン）のちょうど中間に位置するので、より身近なお手本となるのです。三代続いたブルジョワなら誰でも、とりあえずＢＣＢＧ族とみなされることもあって、こうした志向がより強まるのでしょう。

といったような次第で、昨今はローデンコートやスモックドレスといったＢＣＢＧスタイルが通信販売のカタログにまで載るようになり、また、ブルジョワ出身のイネス・ドゥ・フレッサンジュ御用達（少なくとも彼女が自分の店を持つまでは）の〈オールド・イングランド〉などの英国調ファッションが、今日のフランスのベーシック・エレガンスを担うようになったというわけです。

英国調のスタイル、そして少々のルール破り（これをもって、フランス人はイギリス人に差をつけていると勝手に自負しているのですが）が、ＢＣＢＧにとって必要不可欠の装いであり、ライフスタイルなのです。

おしゃれとは、装いも含めた立ち居振舞い、すなわち常にマナーを伴うものであることはいうまでもありません。日本にも似通った点がいくつか見られますが、人々の暮らしが平均的に豊かになると、上昇志向の次のステップとしてクローズアップされてくるのが、行儀作法や話し言葉、そして音楽などの教養や、乗馬、テニスといった昔からのシックなライフスタイルと結びついているスポーツです。

当然、こうしたひと目でそれと察することのできないスタイルは、たゆまぬ努力と人間性がプラスされて初めて身についたものとして花開くのですが、何はともあれ、初歩の知識を頭に入れないことには始まりません。

ＢＣＢＧのユニフォームをまとっていても、「装いから判断せずに、顔つきや、物腰でその出身を判断すること」と『フランス上流階級ＢＣＢＧ』のなかで定義されてはいますが、ではＢＣＢＧ族の装いとは何かをまずお話ししなくてはなりません。

たとえば、普段着には〈イスランド〉のシャツや、〈ファソナブル〉のスポーツウエアを着ていても、とりわけ夏にはアメリカ風が加わって、アロハシャツや、バミューダパンツやボートシューズ（モカシン靴）やトワル（キャンバス地）のエスパドリーユが彼らの流行になるのです。BCBG族は、これを避暑地でわざとらしい気取りを捨ててゆったりと着こなします。

実際には一生懸命考え、節約をして買ったとしても、そうした素振りをいっさい見せないことが彼らの流儀です。家計のこと、値段のことは微塵《みじん》も人前には出しません。手の先にまで神経を行き届かせ、家事のような生活臭を感じさせません。たとえば、手はマナー本のなかに「他人と話すとき、手で大きなジェスチャーをしないこと」、そして「できるだけ手の存在は忘れて話すこと」とあります。人前で、顔や髪を触ることもあまりエレガントではありません。

夏にはまた、スポーツウエアやシャツとともにならず、ふだんはあまり身につけないジーンズやトワルをBCBGも着るのです。そしてかなり派手な色合いを、スカーフや靴下、レインコートの内側や、プリント・コットンのトレーナーにアクセントにして用います。

いずれの場合もルーズなラインの装いはほとんどしません。ひとことで言うとBC

BGの外見や装いは、ピカピカとは対極にあるいぶし銀の輝きとでもいったらよいのでしょうか。遠くからも目立つような装いはいっさいしません。「富の象徴はいっさい外に現われない」からです。

ブランドにもこだわりません。「〈エルメス〉や〈シャネル〉や〈イヴ・サンローラン〉を比較的好むのは、それらが概して品質もよく使いやすい」という単純な理由からで、むしろ「コピーやニセ物、あるいはかぎりなく本物に近いという品物のほうがBCBGたちを喜ばせる」のです。ニセ物を買ってニセ物らしく装う、すなわち、ブランド名のついたニセ物のバッグをわざと持ち歩いて楽しむといった感覚も備えています。ゆとりがあるからです。ニセ物にはニセ物としての存在価値を認め、それを楽しむわけです。お金が幸福のもとであるという考えは否定しませんが、手段であって目的ではありません。「使い方」が問題なのです。

要するに同じお金を持っていてもその生かし方が違うのです。装いという外見上の問題も、やはり行きつくところは「精神」と「心のゆとり」にあると思います。

親しい人への小さな贈り物には、誠実な気持ちをメッセージに添えて

二月十四日は聖バレンタインの日。日本ではこの日になると女性から男性へ愛の告白として、チョコレートをはじめ最近ではいろいろなアイデアのプレゼントが贈られています。

このプレゼントについてフランス人に尋ねると、「この日は恋人が互いにプレゼントする日なので、男性から女性へ贈り物をすることが多い」ということでした。もうひとりアメリカ人の友人に尋ねると、「バレンタインは家族同士も恋人もすべて、愛する者同士が贈り物をし合う日」ということで、彼女の娘からバレンタインの日に送られてきた美しいカードを私に見せてくれたことがありました。

結局のところ、バレンタインの日は世界中で贈り物が飛び交う日というのは確かなことです。

フランスの本を読んでいたらこんな文章に出くわしました。

誠実な友のくれる小さな贈り物は
どんなに権力のある王の冠にも勝《まさ》る。

つまり贈るときに大切なことは、品物の価値以上に贈り方なのだということです。たとえば高価なものでもお店から直接送られてきたものを開けるだけより、別便でも手紙やカードが届けられたとしたらどれだけ心がはずむでしょうか。さらに私が感動したように、私が贈り物を包装紙から取り出すのを恥ずかしそうに見ている友達が目の前に存在するとしたら、贈り物が何百倍も価値があるものになるのではないでしょうか。

ですから、バレンタインの日に、チョコレートであれクッキーであれハートの形のものがクローズアップされることはとても意義深いことで、私は大歓迎なのです。それは、

「ハートが第一ですよ」

というメッセージをこの世に与え続けてくれるからです。

贈り物をする機会は数多くあるものです。出産祝い、結婚祝い、結婚記念日、クリスマス、お正月や父の日、母の日などのほか、入院中の友人へ、ランチやディナーに招かれたとき、上司のお祝いごとなどさまざまあります。

何年か前のクリスマスの日を、アメリカのフロリダにあるフランス人の友人の家で過ごしたことがありました。家族が集まってのディナーでしたが、ご主人へ、可愛いイラスト入りの大人の童話といったような本を贈る夫人の無邪気な笑顔や、「この曲は最高だ」と自信満々で、母親にレコードを贈る息子の表情に、私は「世界中で最高の贈り物は、この人たちの心なのだ」と胸がいっぱいになったことがあります。自分がいまいちばん贈りたいもの、いまいちばん素晴らしく思うものを見つける。そして贈る相手に合うものを状況に応じて選ぶことが大切なのです。

またこれまでの日本の習慣ですと、贈られた品物を目の前で開けてみることはかえってマナー違反でした。それを知っているフランス人の友人は、

「本当はお行儀悪いけど、ここはフランス式にして開けてみてもいいかしら」

と断わってから開けたりしています。

日本でも最近では「開けてもいい？」と嬉しそうな表情で尋ねてからその場で開ける友達が多くなりました。時代とともに生活様式が変わり、感情表現も変わっていってよいと思います。特にそれが快い響きのあるものであるなら。贈った側にとっても、「ありがとう」と言っただけで傍らに置かれるより、目の前で相手の喜ぶ表情を心に焼き付けるほうがずっと嬉しいに決まっています。ですから私は包装紙やリボンをふだんから集めておいて、贈り物は包み直すようにしています。そうすれば包みをほどく段階から楽しんでもらえるからです。

どんな場合でも、贈り物を受け取ってから一週間以内に、できれば書状でお礼を述べることがスマートだと思います。私はそのほか、何の理由もなく小さな贈り物をするのもとても素敵なことだと思っています。

また、花も贈り物としてとても魅力的なものです。

花は誰もが好きだということは昔も今も変わりのないことですが、最近の日本はちょっとした「花ブーム」です。

私も、昔から花屋さんの前をそのまま通りすぎることができないくらい大の花好きです。ふだんは自分のために、家に飾る花を買います。が、人から花を贈られて本当に嬉しい気持ちになったことも、これまでに何回もありました。以前に南仏の友人の家に泊まったとき、寝室の机に何げなく飾ってあった野の花、フランス語教室の生徒さんから贈られた花束などなど。

花は家に招かれたときなどに贈り物となることが多いことは世界共通ですが、国によってそれぞれ習慣が異なることもあることを頭に入れておくと便利です。

たとえば私たちは五月の母の日にカーネーションを贈りますが、フランスではカーネーションに縁起を担ぐ人がいるため、ほかの花を贈ることが多いですし、最近日本でもよく出回っているカラーの花は、アメリカではお葬式によく用いられるとアメリカ人の友人が話していました。

フランスの習慣に、五月一日にすずらんを、できるだけ多くの友人隣人に一本ずつ贈るという習慣があります。ひとりに何本もではなく一本でも贈れることや、できるだけ多くの人に贈ることにより、自分の周囲の人々の幸福を願うという習慣です。この日、フランスではすずらんは無税となり、誰もが街角に立って売ることができるのです。母の日になるとカーネーションが高くなる日本とはだいぶ違いますが、こういったことが本当の豊かさだという気がしてなりません。

ところで日本では、誰から誰に花を贈るのかという点はさほど問題視されないのですが、フランスではたいへん重要な問題です。特に女性から男性に贈ることは稀《まれ》ですし、恋人同士や夫婦間を除いて、男性から情熱的な赤いバラを女性に贈ることも大スキャンダルになり得るのです。また、ご夫婦に花を贈るときは、夫人の名前で贈ります。

女性から女性へ、男性から女性へ花を贈ることは自然です。また子供たちが、学期の終わりに先生に感謝の意をこめて花束を贈るのもよく見受けられます。若い女性には淡い色や白い花束を贈るのが常識ですし、結婚式のお祝いのときも同様で、白やピンクの花を新婦の家や結婚式場に届けてもらいます。

夕食やランチにお呼ばれのときも、花は感謝の気持ちのメッセンジャーとしての役目を果たします。アットホームな友人同士のお食事会なら自ら花束を手に訪ねますが、正式なものでしたら伺う日の朝か前日にお花屋さんから届けてもらうか、より丁寧にしたいときは、翌日にお礼の手紙を添えてお花屋さんに届けてもらいます。この場合は翌日にかぎるということが大切なポイントで、二日後になってしまったら全く価値がなくなってしまうのです。そしてお花にメッセージを書いたカードまたは手紙を添える、ということも大切な点です。もちろんお花だけでも美しいことは認めますが、もっとも大切なのはあなたがどんな思いでお花を贈るかということです。気持ちと心を花に託さなくては、この行為の価値がなくなってしまいます。

たとえば五月の母の日にカーネーションを贈る際、カードにふだん口では表わせない感謝の言葉を書いてみてはいかがでしょう。親子の関係はあまりに近すぎて、つい甘えから感謝の言葉を口に出す機会が少ないものです。母の日はそれを実行に移す良い機会ではないでしょうか。

最近はお花屋さんにもたくさんの種類の美しい包装紙やリボンが揃っていて、自分でも選ぶことができますが、顔見知りのお花屋さんなら、自分で選んだ紙とリボンを持って行って包装してもらうことも可能です。

遠くにお母様がいらっしゃるなら、最近はお花を日本全国どこへでも届けてくれるシステムがあります。私は昨年、郵便局で申し込み、鹿児島から横浜《よこはま》の母のところにカーネーションの鉢植えを届けてもらいました。

そのほか、お花は意に反して無礼な行動をしたり言葉を浴びせてしまった相手のかたへのお詫びのしるしにも贈られます。口論となってしまったあと親友からお花が届いた、なんて女性同士でのみできるしゃれた行為だと思います。

また、花はあらゆるお祝いごとにも贈られるものですが、特に出産祝いとして花を贈ることは、おめでたいこととしておすすめします。

バラを贈るときは、通常お花屋さんがしてくれることですが、トゲは必ず除かなくてはいけません。

赤いバラが恋の情熱を象徴する一方、黄色いバラは夫婦間の愛情を表わし、白百合が純粋さを表わす一方で、キンセンカはジェラシーと不安を表わすといわれています。

もしあなたがお花を受けとったら、お礼の手紙を書くか電話をかけてください。この小さなお礼のひとことがまた、信頼関係を結ぶことは確かです。

あなたが花束を手渡しされたときは、花束に顔をうずめて花の香りをかぐのはわざとらしい動作だとしても、お礼の言葉を述べて、花束はずっと自分で持つようにすること。間違っても横に置いてしまわないように。花の好きな人なら、こうしたしぐさがすべて自然に出てくるはずです。

女性の独立心を象徴するような腕時計に「生命」への執着を思うのです

カリブ海に浮かぶ島ハイチに行ったときのことでした。首都のポルトー・プランスから少し高台に上ったペティオンヴィルに〈イボレレ〉というホテルがあって、私はそこにしばらく滞在していました。

見渡すかぎりの緑、そのなかに建つ白い石で造られた建物は、昔、学校の帰りに探検した横浜の山手《やまて》にポツンと建つヤシの木のある豪邸を思い出させるものでした。

エキゾチックという言葉は、こうした思いがけないところに異質のものがあるということなのだと私は思います。きっと、アメリカやヨーロッパに住み、その地の住民になりきってしまった日本人には「エキゾチック」という感覚に何の実感や感動を持つこともなくなってしまうでしょう。

このホテルのオーナーの一族が顔を揃えると、さまざまな血が混じっていてたいしたものでした。全くもって真っ白なロシア系のおばあちゃま、フランスとハイチの血が混じるお父様、そしてスペイン人の夫人。三人の娘たちはそれぞれ全く違った個性的な現代っ娘《こ》たちでした。

この島を歩いていると、漆黒《しっこく》からカフェオレ、ショコラ、白に至るさまざまな肌の色を持つ人々に出会い、そして、みなそれぞれに美しさを持っています。いまでこそパリコレなどのファッションショーに黒人のマヌカンが出演し、スター的存在となっていますが、こうした黒人のマヌカンを初めて起用したのは〈パコ・ラバンヌ〉でした。

話は戻りますが、この島で、私は日本で知ることのできなかった常識を超えた美しい感動を体験しました。果てしもなく続く人気《ひとけ》のない夕暮れ時のビーチ、人間の身長よりも高いポインセチア、馬に乗って一周したどこまでも続くプランテーション、ジャングルのなかでココナッツに穴をあけて飲んだココナッツウォーター……。

この島に渡ったアメリカ人やフランス人は、豪邸の庭でのんびりテニスをしているけれど、この神秘的なヴードゥーの魔力や、島全体の持つ危機感を常に肌で感じながら暮らしているに違いないというのが私の受けた印象でした。

言い換えれば植民地に渡って来たヨーロッパ人たちが常に持つ明と暗の矛盾、生きることの壮絶さや醍醐味を身体中で体験しているのが伝わってくるようでした。それは、映画『インドシナ』や『愛人《ラ・マン》』や『ヘカテ』に描かれている世界に共通するものでした。

ここの〈イボレレ・ホテル〉の母娘は、日中はホテルとビーチを往《ゆ》き来し、のんびりと暮らしていました。よく、ホテルの向かいにある自宅からやってきては話をしました。昼間の暑さゆえ、この島では薄手のコットンドレスを着ている女性がほとんどでしたが、ここのホテルの母娘はいつも決まってジーパン姿でした。四十過ぎの母親のほうは腰まで伸びた長い髪を三ツ編みにし、上は真っ白のゆったりめのコットンシャツ、娘のほうは、ジーパンに、上は半袖の真っ白いTシャツ、二人とも日焼けした足に真っ赤なペディキュアをし、素足にサンダルといういでたちでした。

いまでもあの島を思い出すとき、決まってこの二人の女性が浮かぶのは二人がひときわ輝いて見えたからでした。パーティで出会った豪華なドレスや宝石を身につけたゴージャスなレディが全く浮かんでこないのは不思議なほどです。

なぜこの二人の母娘がそれほど印象的だったのかというと、たぶん、いつも同じ装いで通すその信念と、腕時計の重みゆえだったような気がします。ブランドは定かではありませんが、いずれにしても老舗のものでした。

装いがシンプルだったゆえ余計に存在感が光った腕時計を二人の腕に眺めながら、この二人の「生命、時間」、ひいては「人生」への執着を目の当《ま》たりにしたようで変に感動したものでした。この地球に生きているかぎり私たち人間は同じ「時」を共有しています。私たちがたとえ無人島に行っても、ジャングルに行っても、平等に与えられているのが「時」です。人間は誕生したときから、生きる時間が定められているともいわれ、まさに常に「時」との闘いです。「時」が同じ人間を幸福にも不幸にも変えていくわけです。

この人間にとって大切な「時」を知らせてくれるのは時計です。機能性とデザイン性が合わさった不可欠なものであるからこそこだわりたいものです。最近は、女性用として昔ながらの丸く小さいものがリバイバルとなって、〈ブランパン〉のレディバードや、〈オメガ〉からコンステレーション、〈ピアジェ〉のプロトコール、〈ボーム&メルシェ〉のキャットワーク、〈ポワレ〉のタイムリーなどの素晴らしい腕時計が発売されました。〈カルティエ〉のタンクも、大好きな時計のひとつです。

午前中から日中にかけては、皮革素材のベルトのさほどドレッシィすぎないものにし、光る石などのついたおしゃれなジュエリー・ウォッチは、午後五時以降につけたいものです。

先日、時計メーカーの取材でスイスに赴きましたが、いまのヨーロッパの女性は、日本の女性と少し異なり、少し大きめのスポーティな腕時計を好むということを知りました。今回の取材ではなんといっても、腕時計のロールスロイスといわれる〈ブランパン〉のクリエイターであるドミニク・ロワゾー氏にお目にかかったことが、大きな収穫でした。ソルボンヌ大学の哲学科出身のロワゾー氏が持つ「時」の哲学は興味深いものでした。

「時間は自由そのものである」

「進行形の時は青春、そして過ぎ去った時は老年」

と、彼は言うのです。時間を自由と考えると、一生はすべて自分でつくるもの、というポジティブな考えができるような気がします。そして、そうした実感を持つためにも、クオーツでない手巻きの腕時計を、私は好んで身につけています。

女性の腕時計は自立心や独立心を象徴し、現代女性に欠かせないものです。それに時間に正確な人間はより信頼性が高くなるのはいまも昔も同様です。自らの「時」を刻む役目を任せる腕時計だからこそ、自分が一生大事にできそうな、イメージの合うものを選んでほしいものです。そして腕時計が良質なら何世代にも受け継がれるということも大切なことでしょう。

私のコレクションのなかで、祖母の代からのものがいくつかありますが、私にとっては宝石以上に実用性を兼ね備えた必需品なので、より身近に時の移り変わりを実感させてくれる大切なアクセサリーです。

パリの高級住宅街十六区の朝の市場の雑踏のなかで、地味な装いなのに腕時計がとびぬけて高級品だった老婦人を見たときも、あのカリブの島の母娘の腕時計を見たときと同様の感動をおぼえました。

この感動とはいったい何だったのでしょうか。おそらく私自身の「時」、そして「生命」への執着心だったのかもしれません。

大切なのは自らの美しさに無関心にならないこと、そして優しさを育てること

「若さ」は美しいと思います。すべての若い女性は、美しさを備えています。けれども二十代後半を過ぎると、私たちは怠惰ゆえに与えられた美しさを少しずつ失いがちです。

美しさを保つためには、常に外敵や自分自身と闘わなければならないのです。前者は食べ物や外気からくる公害、後者は食欲と怠慢です。これらの誘惑には強い意志や支えがないと、つい、負けてしまいます。

私たちがおしゃれをするのは自分のためだけではなく、他人の目にも快く映りたいと思うからです。そしてこの「美しさを保ちたい」というおしゃれ心が、私たちがいつも健康でいるための第一の要素となっていることも本当です。

健康と美容は、密接につながっているように思えます。そしてこのふたつは心の内

面の状態を映し出すものであるということを忘れてはなりません。いつもイライラしていたり怒っていたりでは、しわが増えるのみで、周囲の状況は変わらないどころかますます暗くなってしまいがちです。

大切なのは、いつも自らの美しさに無関心にならないようにすること、そして心の優雅さや優しさを大事に育てることだと思います。

健康でいるためには、まず私たちの生活環境を細かくチェックすることをしなくてはいけません。イライラの原因が毎日の騒音や、酸素不足からきている場合もあるからです。

私たちにとって、きれいな空気は絶対必要です。ときどき田園や近くの公園を歩くことは健康にとって良いことであり、家にいるときも窓を開けて、一日最低一時間は空気を入れ替えることが必要です。

私の友達のアメリカ人のマダムは、東京に暮らしていたときも夏は窓を一日中開けっ放しで、夜もそのまま眠っていました。西欧ではこんなふうにする人が多いようです。

理由を尋ねると、息苦しいからということでしたが、これも一種の健康法なのかもしれません。

空気をきれいにしたら、自分の身体もきれいにすべきです。人間は毎日毎日、生きているかぎり食べ、そして排泄します。皮膚の表面からも毎日目に見えない排泄物が身体の外に出ているのです。

肌を、入浴の際に石鹸でよく洗い、毛穴を開かせるようにすることをおすすめします。そうすることで血液の汚れが毛穴を通して排泄されるからです。この汚れが皮膚から排泄されずにいると、身体の器官、特に肝臓の機能が衰えてしまいます。ですから、バスオイルを浴槽に入れるのは皮膚呼吸を妨げるという点で考えものです。

顔も同じです。洗顔が十分でないと肌がくすみ、上からいくらすぐれた化粧品をつけても効果が現われなくなってしまうのです。

精神的に疲れているときの私の一番の解決法は、ぬるめに温めたミルクを飲んで眠ることです。睡眠はどんなに弱い人でも八時間あれば十分ですが、できれば夜十時から朝六時まで眠るのが理想的だ、といわれます。そのほかココアやチョコレートにも精神をリラックスさせる効果があります。

こうした精神的な疲れのほか、運動不足から体調が崩れることがあります。気分が

すぐれないときは身体を動かし、食事を少なめにすることを心がけたいと思います。

今日、世界地図を広げてみると、一部の地域では人々が飢えに苦しむ一方で、別の地域では大勢の人々が肥満と運動不足に悩んでいます。健康は、あまりにも満たされた環境に甘んじていても、自分のものにはならないようです。人間が食事をするのはあくまで生きるためなのだ、という原点に戻って、食事は腹八分目にし、グルメに陥りすぎないように心がけることが、健康への近道ではないでしょうか。

ほどよくブレーキをかけた食欲に、シンプルながらも上手に調理されたお料理。控えめでいてよく縫製された服。今日、健康もエレガンスも共通する価値観の上に立っているような気がします。

ところで、男性と異なり、女性にとって筋肉質の逞しい肉体は必ずしも必要ではありません。それよりむしろ、私には流れるような動作を容易にしてくれる〝身体の動き〟や〝軽さ〟が夢です。

たくさんのスポーツのなかで、女性にとってもっとも良いのは、歩くことと水泳だといわれています。右手、左手、右脚、左脚と交互に何回も繰り返し継続する運動だからです。

私の場合、五年前から水泳をするようになりました。あまり運動は好きでなかったのに、すっかり日常生活になくてはならない楽しみになってしまいました。精神的にも肉体的にも快く、そして何より健康になったことを嬉しく思っています。

また水泳よりもっと簡単にできる「歩くこと」もやはり最高のスポーツといわれていますが、そのほかダンスもリズミカルで良い運動になると思います。

健康でいられることは、もっとも幸福なことだと思わなければなりません。しかし、もし病いに伏《ふ》すようなことがあったとしても、髪をきちんとまとめて清潔なガウンを羽織りましょう。パジャマやネグリジェのおしゃれも楽しいものですし、自分をかまわなくなると、すべてのことに対してルーズになってしまいますから。

訪れるたびにさまざまな顔でアピールしてくる、パリは多面体の街です

パリは多面体の街です。行くたびに違った顔が私の心に刻まれます。

今回パリに行ったのは年も明けて間もない一月の中旬でした。冬のパリはセーヌ河も白みがかったグレーを帯びていて、印象派の絵のような風情をかもし出します。

パリの宿は、サン・ジェルマン・デ・プレ界隈にある〈リュテシア・ホテル〉*1でした。ここは、一九四〇年六月十日、ド・ゴール将軍がこのホテルの一室からロンドンに向けて出発したところです。そしてまた、一九四五年の四月から六月にかけては、ナチス・ドイツの強制収容所から生還した人々がここのホールに収容されたのでした。

戦時中はといえば、このホテルのサロンにドイツ軍の将校が出入りする一方で、地下室ではレジスタンスの活動が行なわれていたといわれます。

もともとこの〈リュテシア・ホテル〉は、〈ボン・マルシェ〉という現在もホテル

の真向かいにあるデパートを創設したブゥシコー家が、地方からの顧客が泊まれるようにと建てたホテルでしたが、開設後は、画家（マティス、ピカソ）や、作家（ジイド、コクトー）なども常連で、文化人や政治家の溜まり場だったともいいます。今日もパリの名士たちが好んで利用するシックなホテルです。

従業員の好感度も高く、また、夜になるとジャズの生演奏が一階のカフェやバーに流れ、モダンでシックなムードが楽しめます。木の温もりを感じるアールデコのシックなインテリア好みのかたにおすすめです。

そして、このホテルに泊まったからにはぜひ行ってほしいのが前述の〈ボン・マルシェ・リーヴ・ゴーシュ〉[*2]です。地元の常連客の多いこのデパートを歩いてみれば、ブランドもののみにこだわらないパリの人々の暮らしが理解できるでしょう。

道をへだてた別館にある食料品館も品物が豊富で地元の人々に大人気です。

もう一カ所、シャンゼリゼ通りやエトワール広場の近くに、私がパリの中で大好きなホテルがあります。

静けさに包まれ、良質な豊かさを精神的にも味わわせてくれるホテル・ラファエル[*3]です。

そして、このホテルは、どこのグループにも属さない貴重な個人経営のホテルです。一九二五年に創業されましたが、当時は、世界中の国王、政治家など、あまり大きなホテルを好まない人々に愛用され、今でもホテルというよりは、〝館〟という風情が残っています。

今日でも、ハリウッド・スターや、世界中の実業家、アーティストがプライヴェートで泊まるホテルとして貴重な存在です。

また、リュック・ベッソン監督の『グラン・ブルー』や『ニキータ』そして、アメリカ映画の『ナインハーフ』でも、入口のガーネット色を基調とした廊下が映し出されていました。

また私がパリに行くたびに訪れる場所が〈ギャルリィ・ヴェロドダ〉[*4]という一八二六年創設のアーケード（パッサージュ）です。ここはパリ一区のジャン＝ジャック・ルソー通り十九番地からブロワ通り二番地までを結ぶ幅四メートル、長さ八〇メートルのアーケード街で、三十八店舗に及ぶさまざまなお店が集まっています。

このアーケードに一歩踏み入れると、そこには一時代さかのぼった別世界のムードが漂っています。大理石の舗石、統一された木とガラスからなるお店のたたずまいのシックさ、そして、きらきらと宝石のように輝く各店の照明が反射して、歩くだけで気分がリッチになってしまいます。

このアーケード街をジャン゠ジャック・ルソー通りのほうに向かって歩くと、そのはずれにある〈クリスチャン・ルブゥタン〉[*5]という可愛くエレガントな靴屋さんに突き当たります。いかにも心をこめて作られたという感じの靴が並んでいるこぢんまりした店内ですが、シルクやサテン、ビロード素材の靴も、注文で作ってくれます。

さて今回、仕事の合間の日曜日、私はもうひとつ興味深い体験をしたのでした。

パリに行くたびにお目にかかる、元駐日フランス大使ペロル氏の夫人が出演なさるというラジオ局〈ラディオ・クルトワズィ〉(Radio Courtoisie) に、連れていっていただきました。

ラジオ局といっても、パリ十六区のミュラ通りのアパルトマンの一階にある、いっさいCMを流さない私設ラジオ局です。放送圏はパリ近郊のほかに、ル・マン、シェルブール、カーン、ル・アーヴル、シャルトルなどの北フランスが中心です。

このラジオ局の開設目的は、スポンサー全くなしで、大学教授や、哲学者などを招き、彼らの考えを一時間半から三時間というたっぷりした時間を使って語っていただくということのほかに、フランス語擁護や芸術、文学、哲学をより深く聴こうということにあるといいます。

また、全員が無料奉仕の仕事をし、聴取者の寄附で運営されているといいます。

その日（一九九七年一月十九日）にペロル夫人が出演された番組は、「子供向けの本に明日はあるか」という五人からなる討論会で、ペロル夫人のほかに司会者で哲学者のイザベル・ムゥラル女史、作家のジャン・ロラン氏、そして元パリ市議会副議長でサン・テグジュペリ賞の創設者のソランジュ・マーシャル女史らの出演者の顔ぶれが丸いテーブルを囲みました。

ペロル夫人がこの番組に出演された理由は、前年出版された青少年向けの本が、サン・テグジュペリ賞を授与されたからです。サン・テグジュペリ賞とは、あのサン・テグジュペリの永遠の名作『星の王子さま』にちなみ、十年前に創設された子供向けの優秀作品を選出するための賞で、選出基準もあくまでも子供の立場に立って、挿絵も重視され、また、受賞作品はフランス国内の図書館や学校に置かれるといいます。

一時間半にわたって繰り広げられたこの討論会の放送室に、私は傍聴者として座っていましたので、司会のムゥラル女史に「本日は日本からヒサコ・イトウがいらっしやっています」と紹介されたときは赤面したものでした。

この討論会で話された内容をかいつまんでお話しすると、テレビなどが娯楽の大半を占める今日でも、読書はやはり子供にとって教育のなかでもっとも大切な部分を占めていること。そしてこれからはテレビを敵視せずに、テレビの持つ面白さも子供向けの本に取り入れることを考えるべきであること。なぜなら、視覚的にも良質でなくては優秀な本とはいえないから、ということなどが挙げられました。

また、数年前のアンケートの結果、三〜四パーセントのみの子供が現実そのものを本に求めようとしているのに対し、ほかの大半の子供たちは、本のなかに理想や夢（たとえば、意地悪な人間は必ず罰せられるなど）を求めると答えたといいます。特に子供にとって良いのは本を大声で読むことが挙げられる。なぜならそうすることで心の奥底と良いコミュニケーションが得られ、子供の内面の成長に良い影響力を持つといったことなどが話されました。

この番組の終了とともに、出演者とスタッフがテーブルを囲み、たちまちのうちに日曜のブランチが始まりました。ワイン、ソーセージ、チーズ、そしてサラダやガレットパイが並ぶテーブルを囲む心温まる日曜の昼下がりでした。上品な大人たちの手作りの番組といっても、少しもスノッブな（気取った）ところのない自然体の大人のムードが漂っていました。日本にもこうした大人たちによる文化的集まりが増えるようにと、私は同席しながら心のなかで願わずにいられませんでした。

パリの人々は、日常は簡素な食事と、手頃なワインで満足しますが、何か機会があると高級レストランに足を運びます。そのなかのひとつにパリの人々には心のふるさと的レストランがあります。レストラン〈プルニエ〉[*6]です。

ここは一九二五年にエミール・プルニエ氏が創設した、海の幸のお料理を特徴とする格調高いレストランです。一時期、さまざまな理由から閉鎖を余儀なくされたこのレストランを三年前に買い上げ、再び元の姿でパリ市民の前に復活させたのは日本のそごう会長（当時）の水島廣雄《みずしまひろお》氏でした。そして、九六年には一ツ星を獲得しています。

今回このレストランを友人たちと訪ねましたが、パリの人々がいったんは失いかけた心の拠《よ》り所《どころ》にふさわしい重厚な味のあるレストランでした。味もさることながらサービスも満点、そしてインテリアも二〇年代のアールデコ調で、有名な建築家（表玄関は、オーギュスト・ラブレ、インテリアは、シャイヨー宮の建築家のひとりとして名高いルイ＝イポリト・ボアロー）によって手がけられています。一階では、実際に、魚介類も販売されていますし、また、ゲランド産のお塩は、私も日本まで持って帰ってきました。

ところでパリとモードは切っても切れないものです。パリのほとんどのブランドは日本にすでに紹介ずみですが、なかでも私の大好きな二人のデザイナーをご紹介しましょう。

ひとりは、パリ在住の日本人デザイナー二本松幸司[*7]で、〈コージ・ニホンマツ〉の服は、パリでは〈リリアーヌ・ロミ〉と〈アルノー・ドゥ・マリニャック〉で売られています（日本では、〈銀座コマツ〉、青山、銀座、代官山の〈エポカ・ザ・ショップ〉）。シンプルで、可愛さのある大人のエレガンスを求める女性向きです。

そしてもうひとりが〈ミレーヌ・ドゥ・プレモンヴィル[*8]〉で、彼女の服は赤やピンクなどカラフルで、女っぽさの溢れたチャーミングな服です。服を着て女らしい夢を見たい女性向きです。

それからサン・ジェルマン・デ・プレ界隈に私の行きつけのアクセサリー屋さんがあります。〈ロル・ブルー[*9]〉という可愛い小さなお店で、イヤリングやブレスレットなどのほか、パーツが自由に選べるキーホルダーなど、何げないアクセサリーを求める女性たちに愛されているお店です。

バッグのお店では、シンプルで個性的エレガンス溢れる〈ルノー・ペルグリーノ〉[*10]がおすすめです。

パリは、また、あらゆる国の味が街の匂いに妙に溶け込んでいる不思議な街でもあります。特に留学時代から私の大好物だったクスクス料理は、健康にもとてもよく、今日ではなつかしの味としてパリに行くたびに一度は食べに行くお料理となりました。

このクスクスが食べられるレストランのなかでもおすすめは、〈シェ・オマール〉[*11]です。ここは昔、ビストロだったところを改装したお店で、一九〇〇年のインテリアがいまでもそのまま残り、なかなかシックなレストランです。マレ地区の常連のお客に混じり、デザイナーや、映画監督もちらほらやってきます。味は抜群ですが、かなり量が多いので注文しすぎないように気をつけて。

次にご紹介するのは、〈ダリュ〉[*12]というロシア料理のレストランです。名前の示すようにダリュ通りにあります。間口が狭く、うなぎの寝床のように細長い店内ですが、壁いっぱいに歴史を物語るロシアの写真が貼られ、店の外のパリの通りと不思議に調和しています。私が行った日は、ソルド（バーゲン）帰りのマダムたちがそれぞれの買い物を自慢し合って、とてもにぎやかでした。どこの国でも見られる微笑ましい光景です。

そして、美味しい紅茶や、しゃれたランチを味わいたいときは、「マリアージュ・フレール」（日本では銀座にあります）がおすすめです。このお店は、パリでも大人気で、社長のサンマネ氏は、パリ大学卒業のタイの方で、店内にはアジアのエキゾチックなムードがいっぱいのしゃれたお店です。特に「クー・ド・ソレイユ」というデザートがおすすめです。

パリはこんな具合に、行くたびにさまざまな顔で私にアピールしてきます。そのどれもがあまりに自然体で、人間的です。パリは昔からモードの街として有名ですが、実際この街に暮らす人々が自分のフィーリング（気持ち）やイマジネーションそのままを、率直《フランク》に装いながら歩く通りが、私にとっては最高に魅力的なファッションショーの会場です。

パリにもっとも似合う人間は、人工的おしゃれ人間より、率直に人生を生きるノンシャラン（気まま）な生活感溢れる人たちであることは確かです。

パリのおすすめのお店

＊1 **HOTEL LUTETIA PARIS**
45 Blvd. Raspail 75006 Paris Tel:49544646/Fax:49544600

＊2 **LE BON MARCHÉ RIVE GAUCHE**
20 Rue de Sèvres 75007 Paris Tel:44398000

＊3 **HOTEL RAPHAEL**
17 Av. Kléber 75116 Paris Tel:44280028/Fax:45012150

＊4 **Galerie VÉRO-DODAT**
19 Rue Jean-Jacques Rousseau～2 Rue du Bouloi 75001 Paris

＊5 **Christian LOUBOUTIN**
19 Rue Jean-Jacques Rousseau 75001 Paris
Tel:42360531/Fax:42360856

＊6 **Maison PRUNIER de PARIS**
16 Av. Victor Hugo 75116 Paris
Tel:44173585/Fax:44179010

＊7 **Koji NIHONMATSU**
<Arnaud de Malignac> 46 Av. Victor Hugo 75016 Paris
<Liliane Romi> 90 Rue du Faubourg Saint-Honoré 75008 Paris

＊8 **Myrène de PRÉMONVILLE**
24 Rue Boissy-d'Anglas 75008 Paris Tel:42650060

＊9 **L'OR BLEU**
87 Rue du Bac 75007 Paris Tel:45491318/Fax:45448032

＊10 **Renaud PELLEGRINO**
14 Rue du Faubourg Saint-Honoré 75008 Paris Tel:42653552

＊11 **Chez OMAR**
47 Rue de Bretagne 75003 Paris Tel:42723626

＊12 **DARU**
19 Rue Daru 75008 Paris Tel:42272360

いつも自分の中に
母の姿を見つけてしまいます

子供はいくつになっても恥ずかしげもなく親自慢をやってのけるものです。先日も、高校時代の友人とこんな会話が交わされました。

「私の母ってとても厳しくて、他人に迷惑がかかるようなことは特に好きではなかったわ」

「私の母もそう……」

私は途中まで言いかけてからはっとしました。一人一人にとって母親は最高の女性なのですから、これは、対話でなく一人一人のつぶやきでしかないと。

それぞれの子供にとっての宇宙の始めは母親でした。ですから、母について私がいまここで何かをお話ししても、私だけのつぶやきでしかないでしょう。

親を頼りきって成長したにもかかわらず、すべてを先回りされ、道を敷かれているような錯覚にとらわれ、子供はある年頃になると親に反抗し始めます。私にもそんな時期が何度かありました。

こうすれば親も満足し、みんな幸福にうまくいくと百も承知なのに、全く違う道をとってしまう。まして私は一人っ子でしたから、期待される（と思っていただけ）のが重荷でした。それで、大学も自分の決めたほうに行き、とうとうお見合いもしたことがありませんでした。今日の若いお嬢さんがたは、結婚の相手の条件をとやかく望みますが、そんなことは私のロマンチシズムが受け付けませんでした。大学の卒論のテーマも、「恋愛について――ネルヴァル」でしたもの。

このように自我の強い私は母とよくぶつかりました。そして、何事もこわいもの知らずで突き進む私に、

「世の中でいちばん素晴らしいことは平凡に生きること。地道に、地に足をつけて歩くこと」

と事あるごとに言っておりました。

そんな母からは、特に女性の芯の強さというものを教えられました。女性の強さとは、社会的地位でも仕事の重要さでもなく、もっと内面にある、忍耐力であるとか、

毎日の繰り返しを受け入れる強さ、不平を言わない強さ、それに人間のあらゆる我執(見栄や、物質欲など)をはねのける強さです。

特に母は根拠のない妥協をはねのける強い意志を持った女性です。ですから、「みんながこうしているから、私も……」という言葉は禁句でした。そのおかげで、私は小さいころから、自分は自分という考えを持ち、周りの人々を気にせずに主張を持つ生き方ができました。

母親と娘の関係は、昔から『秋のソナタ』(イングリッド・バーグマン主演/一九七八年)など映画のテーマにもよく取り上げられる根の深い絆《きずな》です。同性ゆえにわかりすぎることからよく衝突もするものです。

なんでもてきぱきこなす母とは対照的に、私は小さいころからのんびり屋のぐうたらでした。そのうえ人見知りが激しく、内向的一人娘で、なかなか他の人と打ちとけなかったようでした。そこで母は悩んだすえ、私を同年代の子供たちの集まるおけいこごとに通わせることを思いついたようでした。それで、私は幼稚園のころから日本舞踊を、そして、小学校二年生からピアノを習っていました。あのころの私には何の欲もありませんでしたから、同年代の子供たちに会えるし、また、ピアノで好きな

『乙女の祈り』もひけるし、日舞も着物が着られるので嫌いではありませんでした。

私の小学校のころは、今日ほど勉強も厳しくなく塾にも通っていませんでしたから、勉強はすべて母が見てくれていました。小学校の入学試験の前も、面接の予行演習を何度も母と二階の居間で繰り返しました。私は階段を上っては母が椅子に座る部屋に入り、挨拶から始まり、面接の答え方の練習をしたものでした。一緒に住んでいた祖父が横浜の国立大学で応用化学の先生をしていましたので、母は勉強ということにとても真剣に取り組む態度を私に教えてくれたような気がします。そんなわけで、学校の先生より、母に叱られることが私にはどれほど重大問題だったかしれません。

また、母は他人と同じようにすることを重要視していませんでしたから、私はときに家の内と外でのギャップに悩んだことがしばしばありました。

たとえば学校の制服ですが、私の通っていた学校はカトリック系女子校で、小学校に入るなり制服は紺のジャンパースカート、黒の靴、白いソックスなどすべてが決められていました。ところが私が背負って通ったランドセルはマロン色で、みんなの黒いランドセルのなかで浮いていましたし、カーディガンも指定の濃紺よりは明るめのブルーでした。その結果、母のこうした発想の自由さを私はしっかり受け継いだのでした。

私の母は、日本古来の忍耐のみの母親像とは全く異なり、どちらかというと、外見も発想もモダンでしたが、その生き方、地球上のひとりの人間としての暮らし方は、真面目そのものでした。浮ついたことが嫌いでしたから、いまでも私は母といると無意識に衿を正してしまうほどです。私が小学校から高校に通っている間の十二年間、私は一度として母の疲れた顔を見たことがありませんでした。朝六時に起きて私のお弁当を作り、父と私の朝食を用意したあと、父の靴磨きをし、二人を送り出す毎日の繰り返し……。私はその後の人生で何かつらいことがあったときも、あの母の毎日の姿を思い返して何度も立ち直ったものでした。

私は小さいころから母に連れられて横浜の街を歩きました。ですから、高校を卒業するまでの私は東京には数回しか行ったことがありませんでした。こだわりの多い母は、当時でもかなり凝《こ》った服を着ていましたが、そのほとんどは横浜市内のお店で注文していました。

特によく行ったのは、尾上町《おのえちょう》を本町《ほんちょう》のほうにまっすぐ歩いていった相生町《あいおいちょう》にある〈マローゼ〉という洋服屋さんでした。

いまでも私がよく思い出す服があります。それは夏のワンピースで、両サイドがモスグリーンをベースにしたひまわりの柄で、中央に黒の切り替えが上から裾《すそ》の部分まで入っていました。一見、両側から花柄のドレスを二重に羽織ったような、でもウエストがきゅっと締まったフレアスカートのなんともいえない味わいのあるワンピースでした。

母はたしかこのワンピースを、私が大学に通っていたころまでは夏ごとに着ていましたが、いつの間にか見なくなってしまいました。思いきりのよい母は、もう派手で着られないとわかると、どこか目の届かないところにしまったのでしょうか。

こうした母の傍らで育ったことは、服装や色彩のセンスなどすべてに影響を受けたと思っています。

私も母の生まれた街横浜で生まれ育ちました。だから横浜は、私にとって母なる街であり、そして私の人生も深くこの地に根ざしていることを、外国に行くたびに確認するのです。

最近、フランスに私が行くたびに彼らとの会話の中でよく耳にする言葉に「デラシネ（根なし草）」あるいは「デペイゼ」というのがあります。こうした言葉をわざわざ用いるというのは、彼らにとって祖国に根を下ろすことが、たいへん重要なことだからなのでしょう。

もともとフランス人は国家意識、民族意識が強く、さほど外国に興味も示さない（その必要性も感じない）人種です。これは、日本が島国であるのに対し、ヨーロッパは昔から侵略し合ってきた歴史があるため、守る態勢が強いこともあるのでしょう。日常に自分の国中心に考え、自国の文化、伝統の保持に全力を尽くす彼らの姿勢は、日本人に欠如している点でもあります。そうした国民性の国に、日本の若い娘たちが単なる買い物目的で行く姿が彼らには理解しがたいのは当然のことです。

母国、母校、母国語……フランス人がこうした「デラシネ」という形容詞を多く使うようになった裏には、欧州統合という文化的には歓迎しにくい現実が見え隠れしていることは否《いな》めません。彼らが祖国のアイデンティティを必死で守ろうとする意識にめざめているのを感じます。そして自国への執着はよりいっそう強まってきているのが感じられます。

平和な島国で生まれ育った私たち日本人には、こうしたフランス人の強い国家意識が、身近に理解しにくいところもあることは否めません。しかし、これを国という単位から人間に還元して考えてみましょう。

大人とは、自分の足元をしっかり見つめ、立場を自覚したうえで満足することを覚え、その範囲内で幸福を求める人間のことではないかと思います。私も昔よく、毎日の繰り返しを馬鹿馬鹿しく思ったり、自暴自棄になったこともありました。

そんなとき、私が真っ先に思い出したのは、眠い朝にいつも誰よりも早く起きていた母の姿でした。

女性がまず根ざすところは、家族や日常の生活ではないでしょうか。仕事をするにあたっても、毎日の生活（食事、装い、掃除など）の基本がおろそかでは何もスタートできないでしょう。そして男性よりも女性のほうが日常生活のノウハウを心得ていると思います。それは、もっとも確かに女性が自分の根を下ろす術であると思います。

人間は、誰しも母から巣立ち、そして、母に帰るものなのではないでしょうか。

横浜に漂う異国情緒と寛容さがとても好きです

世界中（といっても私の訪ねた街にはかぎりがありますが）の街のなかで私にとって横浜ほどエキゾチックさを感じる街をほかに知りません。外国のどこの街に行っても横浜が懐かしくなって帰ってきてしまうくらいなのです。

生まれも育ちも横浜の私は、小さいころから港町独特の、さまざまな異国文化を吸収し同化した土壌の持つ豊かさのなかで成長しました。

小学校に通学していたころは、横浜の至るところにアメリカの駐留軍のカマボコ兵舎（カマボコの形をしているので）が点在していました。そのふだんなんの変哲もないカマボコ兵舎や、軍人ファミリーの住居が、クリスマスとなると、いっせいに美しく飾られます。

夜になれば各家々の窓越しに大きなクリスマスツリーと色とりどりのネオン、そして、窓に白く「MERRY CHRISTMAS」と描かれた文字やサンタのデッサンが楽しそうにこちらを見ていました。

　クリスマスのように一年中楽しい場所もありました。長者町《ちょうじゃまち》の交差点から少し伊《い》勢《せ》佐《ざ》木町《きちょう》のほうに入ったところにある〈かをり〉が私はとても好きでした。木の内装で、真っ白なテーブルクロスがかけられ、夜の照明にそれがとても映えていて、小さいころ両親とよく行った新橋《しんばし》近くのレストラン〈レインボー〉とともに私には忘れられないレストランです。伊勢佐木町にあった〈かをり〉（現在は山下町《やましたちょう》）は、横浜のなかでも西洋料理のはしりのレストランで、私の友人のお母様が経営していました。このお店には米軍の将校たちがよくやってきて、いつもにぎわっていました。

　母とそのころよく出かけたのは平日の昼間の元町《もとまち》でした。同じく横浜育ちの母はとてもおしゃれですから、私の小さいころの洋服のほとんどがこの元町の〈オハラ〉や〈スミノ〉のものでした。

　買い物の帰りに立ち寄った、白い木造で中庭のあった〈ジャーマンベーカリー〉で、大人の気品のある女性がひとりで食事をしていました。そのナイフとフォークの使い方の自然なこと。その女性は、〈エリザベス・サンダース・ホーム〉の創立者である沢田美喜《さわだみき》さんでした。馬車道《ばしゃみち》には、〈明治屋〉が金の横文字の食料品をウィンドーに並べ、エキゾチックな店舗を構えていました。

港町には、光と陰の部分が表裏一体になって存在します。港から出港する船の甲板に立つ人と、桟橋に立つ人を結ぶ紙のテープが切れる瞬間を見るのは子供心にもつらいものがありました。反対に入港する船を迎えるときの華やかさは心躍るものでした。軍楽隊のマーチが鳴り響き、ミス横浜が着物姿で花束を船長さんに贈呈します。

そんな港町横浜を母と歩いていたころ、何回となく見かけた名物の女性がいました。通称「銀ギツネ」というこの女性は、全身白ずくめの装いで、お化粧も肌を真っ白に塗っていました。ハンドバッグも靴もストッキングも白でした。横浜中の知る人ぞ知る彼女を、最近、見かけたという人がめっきりいなくなりましたが、彼女の人生についての噂では、米軍の地位の高い男性の恋人で何らかの理由で別離となったようでした。彼女は、アメリカの恋人と結婚するのが夢でしたので、半分とりつかれたように常にウエディングドレスのような白い服を着ているというのが巷《ちまた》に伝わる噂でした。なんて悲しいラブストーリーと、思春期の私は心を痛めたものでした。

横浜に育つと、小さいころから輸入物や、住みついた外国人をべつに違和感もなく受け入れるようになります。ですから、「外国かぶれ」や「輸入物崇拝」や「外国びいき」などという言葉の暴力を知らずに育ったものでした。こうしたデリカシーのない言葉を用いる人間にかぎって、外国人イコール白人であり、ほかの人種を差別するいわゆる無知な（学歴とは無関係の）教養のない人だと思います。フランス語を学んだからイコールフランスかぶれではなく、フランス語を通し私は世界各国の人々と話をし、理解し合いました。

パリでもっとも親しかったのは同い年のベトナム女性のナンで、彼女は横浜の家にも訪ねてきてくれました。現在は、中国人の夫と四人の息子とともにサンフランシスコで幸福そうに暮らす彼女ですが、今でも連絡し合っていることはとても素敵なことだと思います。そして文通するときも、国際電話も、ナンとはいつもフランス語でしています。今ではナンの長男が、かつての彼の母親のようにパリに留学しています。

話をまた横浜に戻しますが、何年か前、横浜の山手の丘に通ずるフランス坂の中腹にあるマンションに住む、アルゼンチン領事のお宅に伺ったことがありました。かなりご年配のおじいちゃまでしたが、マンションのインテリアがエキゾチックなムードでした。フローリングの床の一隅に畳のコーナーがあり、そのほかは洋風で、窓に沿ってバーのカウンターが置かれていました。

このカウンターに座ると、目の前に停泊中の船が迫ってくるかのように近くに見えました。ちょうど夕日が窓ガラスに反射して、横浜を住みこなすこのアルゼンチン領事から、人生の楽しみ方をひとつ学んだ思いでした。何の見栄も飾りもないけれど、静けさと、平和と、生きている実感が人生には大切なのだと。ちょうどやってきたやはり山手に長年暮らすアメリカ人のおじいちゃんと私たちは、家族のこと、横浜の移り変わりをしみじみ話し合いました。

あのとき、特に印象的だったのが、夕日に赤く染まった窓辺にいくつも置かれたさまざまな高さのポインセチアの植木鉢でした。何年も水と太陽と愛情で育てられてきたのでしょう。茎は太くなり、枝や葉は若いものと比べるとまばらでしたが、形が良く、まっすぐ伸びていました。そのポインセチアの持つ生命力にいたく感動しました。それは、カリブのあの島で見た、そして『不思議の国のアリス』の世界だけにしかないと思っていた、巨大なポインセチアを見たときに受けた感動と同じでした。太陽の光を浴びた植物だけが持つ黄色みがかった茎、そして太陽に向かって背伸びするような茎の形。

それは自分にとっての快適さを知った、年を重ねた人間のみの持つ落ち着きと魅力に似ていました。それは若さを率直にアピールできないあまり、やりすぎのメーキャップや装いでごまかそうとする若い女性に知ってほしい素直さだと思います。

人間、それぞれの年代にそれぞれの美しさがあります。花屋さんから直行してきたような若いポインセチアには、自然の緑のぴんと張った葉が備わっていて、水さえやれば長持ちします。ところが何年も経つとポインセチアは葉を落とし、グリーンも色あせてきます。そういうときにこそ必要なのが水と太陽の光、そして愛情でしょう。

人間も同じ、若いころはさほどお金をかけないでも美しくいられます。けれど、三十歳を過ぎたころから、自分を大切にしていってあげましょう。そして、年を重ねれば重ねるほど愛される存在になる努力をしましょう。それには、度量の大きさと、ユーモアと、好奇心が必要なことは確かです。

「大人の女性の魅力は媚びないこと」という
カトリーヌ・ドヌーブの生き方

三月も半ばを過ぎるというのにまだまだ肌寒いある日、私はパリから来日した素敵な女性に、昼と夜と二度にわたってお目にかかることができました。

昼間はある雑誌のインタビュー取材のため、彼女の滞在先の帝国ホテルに赴いたのでしたが、彼女は体調を崩しているにもかかわらず、カメラの前で微妙に表情を変えながらポーズをつける、そのプロ根性に頭の下がる思いでした。

彼女とはカトリーヌ・ドヌーブで、私にとってはこれが二度目の出会いでした。最初の出会いは今から十五年ほど前、あるテレビ局主催の国際音楽祭で、審査員として来日した彼女の通訳をしたときでした。

十五年も経ったというのに、前回と同様の美しい容貌に、さらに大人の女性の持つ厚みと人間的丸みが加わったことが、一時間にわたるインタビューを終えての私の印象でした。

ところで、私の周囲には素敵な大人の女性が何人かいらっしゃいますが、そうしたかたがたとお話しするときと同じように、少しでもその生き方を吸収したいと私はインタビューにのぞんだのでしたが、この一時間は私にとって、豊かな、大きな果実の重みのような手応えのあるものでした。

ド・ゴール将軍の有名な言葉に、

「年をとるということは遭難にあうようなもの」

というものがありますが、それは女性にとってはどのようなことなのでしょうか。美しさ、若さは減退しても、人生を生き抜いたなんらかの魅力が、それにとってかわるのではないでしょうか。そして、その「なんらか」とは……と、考えることがあります。

世の中の男性にとって、女性の肉体的および外見的若さが大きな魅力ということは、古今東西の不変なる事実でしょう。ところが、同時に彼らにとって、大人の女性の静かで寛大な愛、そして安定した精神力というのは、魅力となることも間違いありません。

今回、カトリーヌ・ドヌーブはインタビューで次のように語っておりました。

「大人の女性の魅力は、媚《こ》びないところだと思うわ。それに、彼女たちが相手に与えるものは、若い女性の比じゃないわ」

たしかに若さや美しさは、女優生命を左右する大切な要素だと思います。ですから、彼女は、よりいっそう年齢という苛酷な試練を敏感に受け止め、対処しているのでしょう。ところが、こうした肉体的および精神的重圧に耐えられず、自らの首を締めていった女優が、これまでに何人いたことでしょうか。

名声、男たちからの誘惑、ダイヤモンドに毛皮、アルコールに麻薬、栄光と失意のどん底という表裏一体のコントラストで彩られた人生。マリリン・モンローも、ビビアン・リーも、イングリッド・バーグマンも、みな女優という苛酷な運命の現実を味わったことは、誰もが知るところでしょう。

ところが、私の目の前に座るカトリーヌ・ドヌーブという女優は、十代から今日五十代に至るまで、実にさまざまな役をしなやかにこなしながらもそのエレガントさや輝きを増し、フランス映画界が誇るナンバーワンの座を悠々と守る余裕に、貫禄さえ感じられました。しなやかでエレガントな外見からは想像も及ばないほどの、内面の強さは、年齢の光によって、ますます磨きがかかっています。私はそうした秘密を、与えられた一時間のうちにあらゆる感覚を通して感じ取ろうと、必死になってもがいていました。

彼女自身の言葉にあったように、

「人間はある年齢に達すると、人生の中で味わったさまざまな経験が、自ずと外ににじみ出て立証される」

ということなのでしょう。そして、

「大切なことは、そうして経てきた試練を自分のなかで大切に癒やすこと」

と彼女は言っていました。未婚の母を二度経験したり、姉フランソワーズ・ドルレアックを交通事故で亡くすなど、彼女の試練は栄光と同じくらい大きなものだったに違いありません。

そうした数々の試練を味わい、傷つきやすい性格も手伝い、彼女の自己防衛本能がとても強いことを私は感じ取りました。

それは、彼女が撮影中、大事そうに抱えてきたフクシャ・ピンク（ショッキング・ピンクのこと）の布製の可愛いハンドバッグを、アシスタントの男性が机の上から下ろし、床に置こうとしたときの彼女の反応が物語っていたように思います。彼女は即座に「ノン」と言いながら机の上に戻すように言ったのでした。小さなことでもこだわりをもって「ノン」と言えることが「心の豊かさ」だと私は日頃から思っていますから、そんな彼女の姿を見て、すがすがしい気持ちになりました。彼女はこうも語っていました。

「女優にかぎらず、人間はみなバランスを失いそうになりながら、左右に揺れ動いて生活しているのではないかしら。でも私は、幸いにも転ぶほどバランスを失ったことはなかったわ。たぶん、それは日常的な些細なことにも興味を持ち、人生のあらゆる事物を愛していることが、私のバランスを安定させてくれているのかもしれないわ」

女優として大成し、スターの座にのぼりつめながらも、目先の栄光のみにとらわれず、ひとりの人間でありつづけようとする彼女は、賢い女性なのだと思います。フランスでは、彼女の生活は神秘のヴェールに包まれているといいます。そして、テレビにも、パーティにもほとんど現われないというのが、もっぱらの評判です。

このインタビューの中で、彼女から励まされた言葉がありました。それは内なるエネルギー（彼女は「若さ」を年齢ではなく、生きるためのエネルギーだと考える）は、望めば得られるものということでした。そのためにも、人生を一瞬の出来事のように思うような無感動な生き方をせずに、毎日を新しく生まれ変わるがごとく過ごすのがベストだというのです。そして、日常のあらゆることがらに、目を向けて生きることなのだと。

カトリーヌ・ドヌーブという女性は、女優以外にいくつもの顔と自由な視点を持った人です。そうしたヒューマニズムが彼女の中に見えたので、いっそう私は幸福な気分になることができました。それは、「幸福とはどんなことと考えますか」という質問の答えにも見受けられました。

「私にとって幸福は状態をさすのではないわ。状態としての幸福には、平穏無事というニュアンスが感じられるから、色あせて見えるのよ。それよりも幸福の瞬間というほうが好きよ。それは自分がそういう状況にふさわしいということで与えられるもの、そういう自分を敬うことだと思うから」

こうした過激な部分が、彼女の生きる姿勢となっているのだと理解した私は、さらに、男性の中で魅力を感ずる要素は何かを質問したのでした。というのも十八歳のとき、ロジェ・バディムと恋愛に陥り、以後デイヴィッド・ベイリー、マルチェロ・マストロヤンニなど、いずれも魅力的な男性たちを相手に恋多き人生を歩んだ彼女を考えれば、とても興味深い点だからです。彼女はこの質問に対し、ウィットをもって答えてくれました。

「私は男性にも女性にも魅力を感ずる点は同じよ。まずインテリジェンス。外見は大切ですけれど、二の次よ。それから、優しさ。そして、ユーモアとファンタジーよ」

このファンタジーという言葉を、日本語にどのように訳したらよいものか、原稿に書くとき、おおいに悩みました。夢、意外性、おもしろさ……。そしてその後、『パリ・マッチ』誌の記事の中で、「ファンタジーとは、あっと人を驚かせる魅力」と説明していた彼女のコメントを目にしました。

さらに彼女は、

「男性を愛する姿勢は、年齢によって変化するものではないと思うわ。でも私、若いころはずっと年上の男性と恋愛をしていましたけれど、いざ自分がその年齢になると、同年代の男性に興味がわかないわ。いまの私は少し年下か、ずっと年の離れた年上の男性に魅《ひ》かれます」

と付け加えました。

精神的に成熟した大人の女性が媚びることなく恋をし、相手の男性に人生で勝ちえた多くのものを与えるという、彼女の潔い女っぷりは、私に人生の成熟期を乗りきる勇気を与えてくれたような気がします。

そして同日の夜、フランス大使館のディナーで再会した彼女は、昼間の超過密スケジュールの疲れを少しも感じさせないどころか、夜のパーティにふさわしく、セクシーに一段と輝いていたのは「エネルギーのなせる業《わざ》」だったのでしょう。

若さとはエネルギーの問題だと語っていた彼女の「年齢」は、数字とは全く関係のないものという気がします。

エレガントな生き方、そして豊かに生きること

先日、パリから来日したパルファン・クリスチャン・ディオール社の国際広報担当のマダム・エリアーヌ・ドゥ・ラ・ベロディエールとお目にかかり、現代の大人の女性に求められる像について意見を伺いました。三十年以上もディオール社で仕事をする彼女は、それ以前、観光省をはじめとするフランス政府機関で広報を務められたまさにゆったりとした大人の女性でした。ディオールといえば、一九四七年に女性らしさを強調したラインを発表し、フランス国内国外共に衝撃をもたらしたデザイナーとして当時は反感さえも抱かれた人物でした。マダムは今日の「女らしさ」の復帰について満足そうな様子でこう語っていました。

「男性と女性は根本が異なるのですもの、同じレベルで比較することはできませんね。女性はあくまでも女であることを認めつつ仕事をすることが大切なのではないかし

ら」

そんなマダムにとって今日の理想は、「エレガントであること」です。このエレガントという言葉はフランス人の口から、今日ほどよく発せられることは近年あまりなかったことでした。むしろこの言葉は、日本でのほうが十年以上前からよく耳にすることが多かったのです。そしてフランスでは、「日本の女性はエレガント」という定評があることも、昔からよく耳にしていたことでした。

このエレガンスという言葉をひもとくと、心のやさしさ、美しさが反映する魅力であり、内面と外面が一致したものです。そして、ハーモニー（調和）、とりわけＴＰＯと装いの調和などがエレガンスの大切な要素の一つとなっているのです。

また、エレガンスの他の要素として挙げられるのが、優雅さと美しさと上品さです。私の頭の中は常に、何故よく「日本女性がエレガント」と言われるのかという理由を探りたい気持ちがいっぱいでした。そんなある日、日本の女性ジュエリーデザイナーの草分けである石川暢子氏に、彼女がデビューした当時の日本女性のジュエリーへの反応（リアクション）を伺い、納得したのです。「昭和四十五年ごろの日本では、特にアッパークラスのかたがたは、人前で目立つということは美意識に反し抵抗のあることでした。ですから、より目立つものを身につけるよりは身につけないほうが無難という考えでした。反対にそれだけが他の人々から批判されないでいる唯一の手段だったのです」と彼女は語ったのでした。彼女がそうした日本の女性に意識改革をもたらしたことはいうまでもありません。「ジュエリーは、しまっておくものでなく日常に身につけるもの」という彼女の繰り返したメッセージが日本の女性たちに浸透したことは、今日の街を歩けば一目瞭然なのです。

ところでヨーロッパでも、控えめイコール品位のしるしとしてエレガンスの要素に含まれることに何度か気がついたことがあります。そして、控えめさは、アクセサリーなどのあしらいかたで、エキセントリックさや突飛さと対極にある中庸がとられたとき初めてにじみ出てくることなのです。「日本女性はとてもエレガントだと思う」とは先日インタビューしたマリー・ジラン（フランスの若手女優）の口からも出た言葉でしたが、それはまさしく日本女性の持つ伝統的控えめさゆえなのかもしれないと今日、つくづく思うのです。

こうしたことを私が書くと「いいえ、最近の日本の女性は、西洋の影響を受けて控えめや地味さなど全く感じられないわ」と反論される方も多いでしょう。しかし、私の主観的な見方ですが、日本の女性はあくまでも東洋的であり、如何に西洋の服を着ようと、植物的繊細さ、そして控えめ（に見える）の要素がかえってよりいっそうにじみ出てくるのです。これは女らしさはマニッシュな男っぽい装いのときほどいっそう現われるのと同じ要素なのです。

エレガンスの要素として、調和という言葉を先に挙げましたが、それは、また、自分の生き方と装いが調和していることも意味するのです。たとえば、ダイヤモンドや毛皮はいつの世にも女性の夢、憧れの対象でした。しかし、運転手つきの車で外出をするような生活をしないかぎり、昼間から毛皮のコートを着たり、何カラットものダイヤの指輪をかざすというのはエレガントからは遠いイメージでしかないのです。また、パーティに着てゆくようなゴージャスなドレスも、「ヴィヴィッドな生活」をおくる女性には無縁のものでしょう。雑誌や映像でそうした夢のような女性の姿を見ても、自分のライフスタイルには合わない別世界のものとして切り離すことのできる女性こそ真のエレガンスのわかる女性だと思いませんか。

また、周囲の人々や環境に調和する装いを考える女性もエレガントな女性でしょう。大切な彼と外出するとき、何気なくどんな装いをするかを尋ねてそれに合わせた範囲で最高の努力をするということも、素敵な女性のなせる業でしょう。最近よく「本物」という言葉を耳にしますが、本物とは、日常につけたいと思うような自分にぴったりとマッチするもので出番の多いもののことだと思います。せっかく無理をして高いものを購入しても年に一回くらいしか身につけないものなら「本物」ではないのだと思うのです。もっとわかりやすい言葉で言えば自分のみ、あるいはごく近い周囲の人々にのみその価値や、素晴らしさがわかってもらえればそれは自分にとっての「本物」なのです。大切なこと、それは、いかに自分がそのものを目や足を使って探し、いかに信頼を置いているかなのだと思うのです。

今日は情報社会の中にあり、インターネットやあらゆるマスメディアを通じ、より安く手に入る情報ばかりが一杯です。でも、そうした時代だからこそ反対に、自分の大切な時間を費やして探すことが価値のあることなのだと思うのです。物や富は停止していてそれ自体、人生の目的にはなり得ないのです。時は常に移り変わり、物の価値も常に変動するのがこの世の常です。

「何かを手に入れたい」ということがもしあなたの人生の目的でしかなかったら、それは多分最も貧しいことでしょう。何をあなたの人生の目的にするか、そしてそれを目指してどのように毎日を歩むかということが大切なのです。特に後者は生きることそのものを意味するからです。

この辺で何が「豊かなこと」かを考え直してみるのは如何《いかが》でしょうか。ポケットにたくさんお金を持っているのに他の人のためにお茶代も出そうとしない人と、あまり持っていないのに払おうとする人のどちらが心の豊かな人かを考えてみてください。心で人を見るということを訓練すると、きっとたちまちのうちに世界が見えてくることでしょう。

人間の心の豊かさは、心の中で描く夢や愛の絆で育ってゆくものです。そしてその人が何を信じ、誰に愛され、誰を愛し、何に対して責任を持つかで、その人間の「姿」は変わってゆくのだと思います。「心の豊かさ」の問題にまで触れましたが、エレガントに生きるとはこうした心の奥底まで到達する大きなテーマなのではないかと思うのです。豊かに生きるとは、一生到達することのない目に見えないところを目指して努力することだとつくづく思うのです。

あとがき

この『パリが教えてくれること』というタイトルからもおわかりいただけると思いますが、この本の中で、私はあくまでも「日本から見たパリ」という視点でエッセイを書き溜めてきました。それはパリに暮らすわけでもない私の、ある程度距離のあるとらえ方ですが、この「違いのわかる距離」を感じるのが、このうえもなく楽しいのです。

これまでに何度も、さまざまな外国を訪れました。広大なアメリカ、情熱的な中南米、自然に近い太平洋の島々など、それぞれの国が持つ個性、「違い」がずっと消えないでほしいと思うのは、私だけではないと思います。

また、国と国の「違い」の中に、小さな共通点を見いだすのも、意外な発見として楽しいものです。

私がパリに魅《ひ》かれる理由は、この街に、なぜか私の生まれ故郷・横浜のもつ混沌としたエキゾチックな活気を見いだしたからでした。パリは、排他的なフランスの首都にもかかわらず、昔からあらゆる外国を寛容に受け入れてきた街です。そして横浜もまた、日本情緒のなかにも、外国に向かって開かれた多面体の街です。こうした環境に育った人間に共通していることは、古い伝統的なものと同時に、時代の最先端をゆくものに魅かれるところかもしれません。

パリの女性が魅力的に見えるのは、その両極端の要素を備えているところでしょう。BCBG（ボン・シック、ボン・ジャンル）的なベーシックな装いにこだわりを持ちながらも、一方でシーズンごとに発表されるモードの新しい傾向を、いち早く上手に取り入れ、自分のスタイルの一部として吸収してしまう術を心得ているからです。

こうした一見、見すごしてしまいがちな裏にあるルールを、少しでも感じ取っていただければ幸いです。そしてこの本の中で私が繰り返した、

「自分自身であること。ふりをしないこと」

というメッセージを感謝とともに贈ります。

パリを訪問するたびに、トランクいっぱいに詰め帰る心豊かな宝物を、ゆっくり消

化する時間が私は好きです。そしてそれは、パリと東京の距離や違いがはっきりあるからこそ、できることだと思っています。これらを、日本の土壌や空気に還元するということが、アイデンティティ、つまり日本に根を下ろすということになるということをふまえつつ。

『CLASSY.』連載中、いつも意見を闘わせてくださった担当者のかた、そして、毎回海の向こうから魅力溢れる写真を送ってくださったジャン＝フランソワ・ガテ氏に、心から感謝致します。

一九九七年七月

伊藤緋紗子

一九九七年七月　光文社刊

文庫版あとがき

『パリが教えてくれること』が初めて単行本になったのは今から三年前のことでした。以来、日本全国で何万人もの方にお読み頂けたこと、そして、今日もなお新しい読者が増え続けていることを心から感謝致します。

思えば、十代の心もとない学生のころから、私は、外国から来る方々の通訳あるいは、日本での外国雑誌の翻訳など、常に日本の文化と海外の文化の交流する接点で、あらゆることを考えさせられてきました。この本をお読みになれば私がこのタイトルにあるように、全て、パリをお手本にして生きてきたのではないことはおわかりでしょう。横浜という外国に近い日本の港町で生まれ育った私にとって、海の向こうにひらけた世界とのかかわり合いは、私の成長そのものでした。そしてそれは、自分の生まれ育った環境を知る、つまりアイデンティティ確立の手段でもありました。ですから、タイトルにあるパリが、ミラノでも、ロンドンでも良かったのかもしれません。全ての街に、長所も短所も魅力もあるがごとく、パリもひと言では表わせない深い街です。今日もパリを訪れる機会の多い私にとって、パリは、反面教師として教えられることが多い街かもしれません。

先日、パリを訪れた際に立ち寄った日本文化会館で行なわれていた紙人形による『平家物語』展を訪れたパリの人々の日本文化への関心度と、熱心に見る眼を見ていたらそんな気がしたのです。

日本の美しい文化をますます海外に紹介してくれることを、また日本の女性の真の美しさを明日も維持できることを心から願っています。

二〇〇〇年六月

伊藤緋紗子

知恵の森文庫

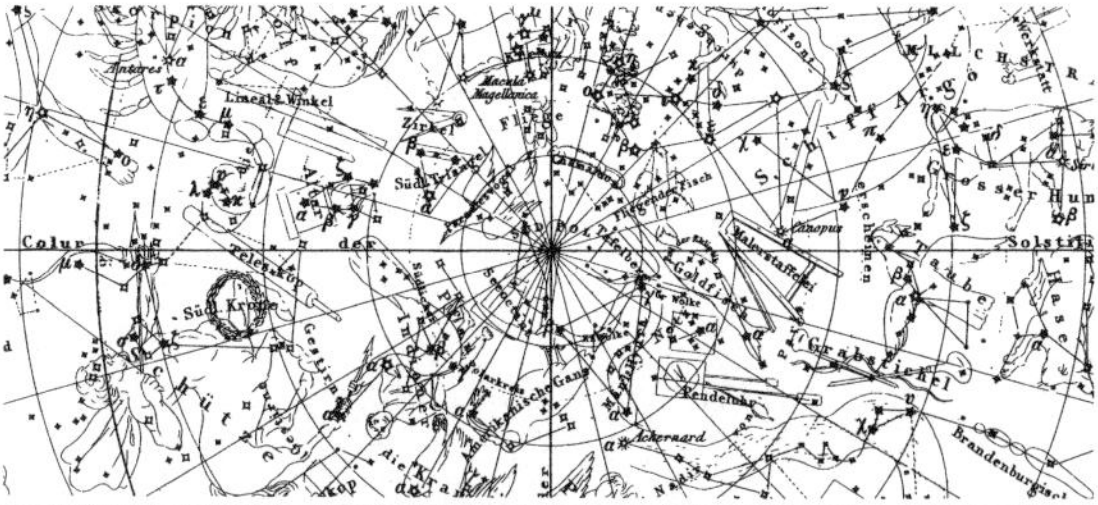

パリが教《おし》えてくれること

伊藤緋紗子《いとうひさこ》

2000年7月15日 初版1刷発行

発行者──濱井武
印刷所──慶昌堂印刷
製本所──ナショナル製本
発行所──株式会社光文社
〒112-8011 東京都文京区音羽1-16-6
電話 編集部(03)5395-8149
販売部(03)5395-8113
業務部(03)5395-8125
振替 00160-3-115347

落丁本・乱丁本は業務部でお取替えいたします。
ISBN4-334-78017-2 Printed in Japan

お願い

この本をお読みになって、どんな感想をもたれましたか。「読後の感想」を編集部あてに、お送りください。また最近では、どんな本をお読みになりましたか。これから、どういう本をご希望ですか。

どの本にも一字でも誤植がないようにつとめておりますが、もしお気づきの点がございましたら、お教えください。ご職業、ご年齢などもお書きそえいただければ幸いです。

光文社〈知恵の森文庫〉編集部